芥川龍之介が語る「文藝春秋」論評

大川隆法

本霊言は、2012年7月20日（写真上・下）、幸福の科学総合本部にて、
質問者との対話形式で公開収録された。

まえがき

芥川龍之介《あくたがわりゅうのすけ》という作家は、日本のみならず、海外にまで翻訳作品が出されて有名な方である。夏目漱石《なつめそうせき》や森鷗外《もりおうがい》を別格《べっかく》とするとしても、小説の神様的位置付けで現代人はとらえていることだろう。

私は、東大文I時代、『されど　われらが日々――』という安保世代をテーマにした小説で「芥川賞」作家ともなった柴田翔《しばたしょう》助教授（後の東大文学部長）からドイツ語を直接教わった者である。彼は、ジーパン・ルックで授業をしながら、時折フッと中空を眺《なが》めているような、寂寥感《せきりょうかん》の漂《ただよ》う、神秘的な先生であった。芥川賞作家の存在を間近《まぢか》で感じながら、ドイツ文学の日本語訳を発表する際《さい》は、柳生《やぎゅう》石舟斎《せきしゅうさい》と宮本武蔵《みやもとむさし》が、茶席で出会ったかのような、一瞬の緊張感が教室をよぎった。

それほど権威のあった賞のもとになった芥川龍之介も、三十五歳の若さで早世《そうせい》していたのだ。一高時代からキリスト教文献に親しみ、養家芥川家の人々の反対で、吉田弥生《やよい》との結婚が、失恋に終わった時、彼も地獄を観《み》た。吉原に通い、官能に救いを求めたが果たせず、養家への間接的な反逆をなすにとどまった。

龍之介は、このみじめさから脱するために、『旧約聖書』の「詩篇」や『新約聖書』の四福音書、「使徒言行録《しとげんこうろく》」を読みふける。やがて『帝国文学』に「羅生門《らしょうもん》」を発表することによって、苦悩を糧として文学世界を切り拓《ひら》いていく。

芥川龍之介は、『新約聖書』において示されたキリスト教的な愛としての「アガペーの愛」、すなわち「神への愛」を十分に知り尽くした人であった。

今、芥川賞を選考する人たちに、「アガペー」がわかるのか。文藝春秋社に

「蜘蛛《くも》の糸」がわかるのか。「神への愛」がわかるのか。仏教をもよく解《かい》した龍之介の

のか。本書はそれを問うための、公開霊言である。

二〇一二年　七月二十四日（河童忌《かっぱき》）

幸福《こうふく》の科学《かがく》グループ創始者兼総裁《そうししゃけんそうさい》　大川隆法《おおかわりゅうほう》

芥川龍之介が語る「文藝春秋」論評　目次

まえがき　1

芥川龍之介《あくたがわりゅうのすけ》が語る「文藝春秋《ぶんげいしゅんじゅう》」論評

二〇一二年七月二十日　芥川龍之介の霊示《れいじ》
東京都・幸福の科学総合本部にて

5　欲得ジャーナリズムの限界を語る

「霊言現象《れいげん》」とは、あの世の霊存在の言葉を語り下ろす現象のことをいう。これは高度な悟りを開いた者に特有のものであり、「霊《れい》媒《ばい》現象」(トランス状態になって意識を失い、霊が一方的にしゃべる現象)とは異なる。

なお、「霊言」は、あくまでも霊人の意見であり、幸福の科学グループとしての見解と矛盾《むじゅん》する内容を含《ふく》む場合がある点、付記しておきたい。

芥川龍之介《あくたがわりゅうのすけ》が語る　「文藝春秋《ぶんげいしゅんじゅう》」論評

二〇一二年七月二十日　芥川龍之介の霊示
東京都・幸福の科学総合本部にて

芥川龍之介《あくたがわりゅうのすけ》（一八九二～一九二七）

日本の小説家。東京生まれ。東大文学部英文科在学中に執筆《しっぴつ》した短編「鼻」を夏目漱石《なつめそうせき》に激賞され、大学卒業後、英語教師を経て作家生活に入る。作品の多くは短編小説で、代表作に「羅生門《らしょうもん》」「蜘蛛《くも》の糸」「杜子春《とししゅん》」「トロッコ」「河童《かっぱ》」等がある。三十五歳《さい》で睡眠薬《すいみんやく》自殺を遂《と》げた。死後、友人の菊池寛《きくちかん》によって、純文学系の新人作家を対象とする芥川賞が設立された。

質問者　※質問順

小林早賢《こばやしそうけん》（幸福の科学 広報・危機管理担当副理事長）

里村英一《さとむらえいいち》（幸福の科学 専務理事・広報局担当）

高間智生《たかまともお》（幸福の科学 メディア文化事業局担当チーフ）

［役職は収録時点のもの］

1　菊池寛《きくちかん》と縁《えん》のあった芥川龍之介から話を聴《き》く

私が霊言集《れいげんしゅう》を出し続ける理由

大川隆法　私は霊人の霊言《れいげん》をたくさん録《と》っており、ここ二年半ぐらいで百冊近く霊言の本を出しました。これは、「ある意味での常識破壊《はかい》を、一生懸命《いっしょうけんめい》、行っている」ということです。

今の日本においては、唯物論《ゆいぶつ》、左翼思想《さよく》を粉砕《ふんさい》することが大事です。

ところが、宗教のほうは、霊界、死後の世界の存在について、あまり自信を持っておらず、「宗教ビジネス」と揶揄《やゆ》され、軽く見られたりしています。「葬式《そうしき》は必要ない」と言う宗教学者も出てきている状況《じょうきょう》です。

こういうときに、「霊界はある。人は、死後、それぞれの個性を持って、あの世に還《かえ》る。あの世の世界で、まだ人生の続きがあるのだ」と教えることは、宗教にとって非常に大事な仕事の一つではないかと私は思います。

霊言集を数多く出すことについて、いろいろと異論はあるかもしれません。もちろん、霊言であることを隠《かく》し、私の説法であるかのようにして出すことも、できることはできるのですが、あえて霊言として出しているのは、「世の中の流れを変えたい」という気持ちがあるからです。

霊言に対する偏見《へんけん》は強いと思います。私を沖縄《おきなわ》のユタや恐山《おそれざん》のイタコなどの霊《れい》媒《ばい》と同じように見て、霊の言葉を語ることに対し、「いかがわしい」という思いを持つ人も多いでしょう。

しかし、「ある程度、実績のある人物」の霊言を数多く出し、それらを並べてみることによって、霊人の個性や質の違《ちが》いなどを見ていただければ幸いです。

また、霊言は語り言葉であるため、書き言葉より読みやすく、ある程度、読者層を広げることもできるのではないかと思っています。

そういう理由で、私は霊言集を出し続けているのです。

名作を数多く遺《のこ》し、三十五歳《さい》で自殺した芥川龍之介

大川隆法　先般《せんぱん》は菊池寛《きくちかん》の霊言（二〇一二年七月十日収録。『「文春」に未来はあるのか』〔幸福の科学出版刊〕として発刊）を録りましたが、その流れで、今日は芥川龍之介の霊言の収録を予定しています。

菊池寛と芥川龍之介とは一高《いちこう》時代からの知り合いであったようですし、第三次の「新思潮」という雑誌を刊行する際には、菊池寛や久米正雄《くめまさお》と一緒《いっしょ》に芥川も参加しています。

また、芥川が昭和二年（一九二七年）に三十五歳《さい》で亡《な》くなったあと、昭和十年

（一九三五年）には、文藝春秋《ぶんげいしゅんじゅう》の社長であった菊池寛によって、新人作家を対象とする芥川賞が設けられています。

菊池寛と芥川龍之介とは縁《えん》があるであろうと思われるので、最近の「文春」についで、芥川は何か考えを持っているのではないかと思います。

もちろん、今日は、その一点に話題を絞《しぼ》ることなく、霊界での生活、宗教に対する考え方、文芸全体についての考え方など、いろいろなことについて、自分が考えていることを語ってくだされればよいでしょう。

芥川は、三十五歳で亡くなったわりには、ずいぶん名前の遺《のこ》っている人だと思います。

文藝春秋には、新人作家を対象とする賞として、芥川賞と直木賞《なおきしょう》の二つがあります。芥川龍之介の作品は、今でも教科書にたくさん採用されているので、それを知っている人や読んだことのある人は多いと思います。一方、直木賞という名《めい》称《しょう》の由来である直木三十五《なおきさんじゅうご》のほうは、もう名前が忘れられていますし、その作品を読んだことのある人もほとんどいないでしょう。

直木賞はエンターテインメント系、芥川賞は純文学系を対象にしており、新人作家にとって文壇《ぶんだん》への登竜門《とうりゅうもん》になっていると思います。

私は芥川の代表的な作品をほとんど読んでいるので、そうしてみると、やはり、彼には名作が多いのでしょう。

彼は、初期の作品である「鼻」を夏目漱石《なつめそうせき》に激賞されており、いわゆる「漱石山脈」（夏目漱石の門下生たち）に連なる一人です。

「鼻」という短編は、「禅智内供《ぜんちないぐ》というお坊《ぼう》さんに、すごく大きな鼻があり、彼は、それに関する劣等感《れっとうかん》で悩《なや》んでいた。そこで、それをもみほぐし、なかの脂肪《しぼう》を出していくと、だんだん鼻が縮んだが、やがて、元に戻《もど》ってしまった」という話であり、教科書にもよく載《の》っています。

芥川は、これを漱石にほめられ、「こういう作品を書き続けていけば、君は、きっと成功する」というようなことを言われたのですが、これが、芥川にとっては、けっこう負担にはなったようです。

そういう、手の込《こ》んだ歴史物の作品を書くことは、それが短編であっても負担が重く、そうとう時間がかかります。もっと軽いものなら楽に書けたでしょうが、重い書き方をしなくてはいけなかったため、かなりのプレッシャーになったらしいのです。

その「鼻」以外に、「羅生門《らしょうもん》」も有名ですし、児童雑誌の「赤い鳥」に発表した童話である、「蜘蛛《くも》の糸」や「杜子春《とししゅん》」も有名です。この「蜘蛛の糸」と「杜子春」は、宗教的にも意味があるのではないかと思います。

「蜘蛛の糸」にはお釈迦《しゃか》様が出てきますが、それは本当は阿弥陀《あみだ》様です。「蜘蛛の糸」は、「お釈迦様が、蜘蛛の糸を垂らし、地獄《じごく》にいるカンダタという者を救おうとしたが、カンダタは、自分だけが救われようとして、その糸にすがりついてきている他の者たちを蹴落《けお》としたため、蜘蛛の糸が切れた」という話です。

これは有名な作品であり、宗教的にも非常に意味のあるものだと言えます。

「杜子春」は、「杜子春という人の両親が、死後、あの世で動物の姿に変わっていた」という場面の出てくる、恐ろしい話ですが、仙人《せんにん》界のようなものを描《えが》いているため、霊界の勉強になるような面があります。

「奉教人《ほうきょうにん》の死」は、私が小学校時代に感銘《かんめい》を受けた小説の一つではあります。

「トロッコ」も有名で、なかなか名文だと思います。

最晩年には、「河童《かっぱ》」という小説を書き、河童などの絵もかなり描《か》いていますが、最晩年の作品には、さすがに気持ちの悪いところがあります。現在の私は、昔とは違い、霊能者であるため、今、それを読むと、少し気持ちの悪い感じが伝わってくるので、晩年の彼は、そういうものと霊的につながってきていたのではないかと思われます。

そのあたりと彼の自殺とは関連があるのかもしれません。

芥川龍之介を招霊《しょうれい》する

大川隆法　今日は芥川の霊から幅広《はばひろ》い話題で話を聴いてみたいと思います。彼は代表的な文学者でもあるので、他の人とは違った見識を持っているでしょう。

彼は自殺したため、今、霊的にどのようになっているか、分かりません。三島《みしま》由紀夫《ゆきお》のように、割腹《かっぷく》自殺をしても高天原《たかまがはら》に還っている人もいるので、芥川も、澄《す》み切った世界に還っているかもしれませんが、まだ迷いのなかにいるかもしれません。ただ、こういう人物なので、いずれの世界にいても、ある程度、キラリと光るような見識を見せてくれるのではないかと思います。

「芥川龍之介の霊言」はまだ収録したことがないため、一度、録ってみる必要はあるでしょう。

彼が生きていたのは東大がまだ文学者を出していたころです。一高の文科、東大文学部の英文科や国文科あたりから文学者が出ていた時代なのです。

今は東大から文学者は出てきません。文学部の学生の多くは、テレビ局や新聞社、出版社などのマスコミに就職してしまいます。「給料をもらえる身分のほうが、よほど安定している」ということでしょうが、東大の卒業生で作家になる人は、もういなくなってしまいました。今は、編集者になったり、新聞で社説を書いたりしているのでしょう。

芥川が生きていたころは、ある意味での「懐《なつ》かしい時代」なのかもしれません。

それでは、芥川龍之介の霊を呼んでみます。

昨日《きのう》（七月十九日）は雅子妃《まさこひ》の守護霊の霊言を収録したのですが、それとは、かなり感触《かんしょく》が変わってくると思います。

芥川は、どういう感じの人でしょうか。（小林に）予想としては、どうですか。

小林　天国にいるか、地獄にいるか、五分五分だと思います。

大川隆法　五分五分？　うーん。まあ、頭はいいでしょうから、鋭《するど》いことを言うだろうと思いますが、もしかしたら、斜《なな》めから攻《せ》めてくるような、斜《しゃ》に構えた感じがあるかもしれません。（高間を指しながら）あなたのような感じかもしれないですね。

横目で見ているような感じかもしれないし、そうとうレトリック（巧《たく》みな言い回し）に富んだ言葉を使ってくるかもしれないので、本心をつかむのは、なかなか難しいのではないかと思います。

（質問者たちに）健闘《けんとう》を祈《いの》ります。頑張《がんば》ってください。

それでは、亡くなられた小説家、純文学の小説家である、芥川龍之介さんの霊をお呼びしたいと思います。

（合掌《がっしょう》し、瞑目《めいもく》する）

芥川龍之介の霊よ、どうか、幸福の科学総合本部に降りたまいて、そのお考えを述べたまえ。

芥川龍之介の霊よ、芥川龍之介の霊よ、どうか、幸福の科学総合本部に降りたまいて、そのお考えを述べたまえ。

芥川龍之介の霊よ、芥川龍之介の霊よ。

（約十五秒間の沈黙）

2　芥川龍之介の小説作法とは

今、生きているのは「風流の世界」

芥川龍之介　うーん（右手であごを支えるポーズをとる）。

里村　おはようございます。

芥川龍之介　う、うん。

里村　芥川龍之介先生でしょうか。

芥川龍之介　うーん。

里村　本日は、日本文学史上で「天才」の名をほしいままにされている芥川先生から、このようなインタヴューの機会を頂き、本当にありがとうございます。

芥川龍之介　うーん。

里村　今、ご気分はいかがでしょうか。

芥川龍之介　うーん？

里村　ご気分はいかがでしょうか。

芥川龍之介　うーん。うん。まあねえ、どうかねえ。ちょっとアンニュイ（もの憂《う》い状態）な感じかなあ。うーん。

里村　そうですか。今日は、質問者のなかに、芥川先生の後輩《こうはい》に当たる東大出身者もおります（小林・高間を指す）。

芥川龍之介　うーん？　君らは三十五で自殺していないんだろ？

里村　はい？

芥川龍之介　「後輩」と言ったたって、俺《おれ》より長生きなされている人だからさあ、処世術に長《た》けているんだろうなあ。

里村　いえいえ。

芥川龍之介　俺のような、未熟な人生を生きた人間に、何か語ることがあるかなあ。

里村　ところが、その三十五歳《さい》で亡《な》くなられた芥川先生のお名前は本当に有名で、日本では、いまだに輝《かがや》いています。

芥川龍之介　うーん。

里村　四日後の七月二十四日には、ご命日を迎《むか》えます。

芥川龍之介　ああ。「河童《かっぱ》の何とか」ってやつなあ。

里村　はい。「河童忌《き》」です。今年は、お亡くなりになって八十五年になります。

芥川龍之介　ほんとだ。河童にでも生まれりゃよかったんだよ。そうすりゃあ、もうちょっと気持ちよく生きられたかもしれないなあ。

里村　そうですか。そのお話と少しかかわりのある点についてお伺《うかが》いしたいのですが、今、芥川先生は、普段《ふだん》、どのような所におられるのでしょうか。

芥川龍之介　うん？　まあ、川で河童と泳いでいるんじゃないかなあ。

里村　それは、レトリックではなく、そのままの事実として受け止めてよいのでしょうか。

芥川龍之介　いやあ、「文学」としてしゃべっているから、どう取ってもいいけどさあ。

里村　はい。

芥川龍之介　文学者は、いかなる表現もするからさ。

まあ、何だろうねえ、「風流の世界」には生きている。

里村　風流ですか。

芥川龍之介　うーん。そう言えるかなあ。

里村　それは、どんな情景なのでしょうか。

芥川龍之介　だからさあ、〝河童の川流れ〟さ。

里村　「河童と一緒《いっしょ》に泳いでいる」ということでしょうか。

芥川龍之介　河童が川を流れているような感じで、俺も流れているのさ。夏だから、せせらぎがいいよなあ。岩場もいいなあ。人間に見つからないと、もっといいなあ。

里村　なるほど。そうすると、周囲には、普通の人間はあまりいないわけですか。

芥川龍之介　いやあ、そらあ、君ねえ、世の中にはガマガエルのような人だっているしさあ。

里村　いやあ、それは光栄でございます（笑）。（注。質問者は、以前の霊査《れいさ》で、過去、金星の海に棲《す》む、イボガエルに似た生き物だったことが判明している。『宇宙人リーディング』〔幸福の科学出版刊〕第1章参照。）

カエルも泳いでいるのですか。

芥川龍之介　そりゃあ、あなたねえ、ガマガエルもいりゃあ、ヘビもいりゃあ、ヤモリもイモリもいるわさあ。

里村　はい。

芥川龍之介　あまりすっきりしないものばかり出しちゃったな。もうちょっと食欲の出るものを出したほうがよかったかなあ。

小説の題材と同通すると、霊力《れいりょく》が筆《ふで》に乗り移ってくる

里村　今は、「霊界《れいかい》にいる」という認識はお持ちなのでしょうか。

芥川龍之介　当ったり前じゃないかよ。そりゃあ、俺が書いたものを見たら分かるでしょう? 霊界を信じてなくて、あんなものを書けるわけがないでしょう?

里村　はい。

芥川龍之介　私は別に無神論者じゃないですからね。信仰心《しんこうしん》だって、ないわけじゃないし、霊界も信じていたし、いや、むしろ、「研究していた」と言うべきだろうからね。霊界は、やはり、インスピレーションの源だからねえ。

里村　それでは、生前、霊能力がおありだったのでしょうか。

芥川龍之介　うーん。まあ、霊感は強かったな。

里村　強かったのですか。

芥川龍之介　とっても強かったなあ。最期《さいご》は、ちょっと憑依《ひょうい》された感じがするな。それに母も発狂《はっきょう》したしさ。多少、霊体質のところがあって、霊がかかってくる体質ではあったんだよな。

里村　それでは、人に憑《つ》いている霊的存在なども見えたのですか。

芥川龍之介　うーん。まあ、おたくさまは〝ご本家〟だから、ご本家と同じようにはいかないけどさ（笑）。それは、ちょっと違《ちが》うかもしれないけれど、何となく直感みたいなものはあったと思うな。

里村　率直《そっちょく》に言えば、私は、子供のころ、芥川先生の「杜子春《とししゅん》」や「蜘蛛《くも》の糸」などの作品を読み、宗教的な感性の部分を、とても刺激されました。まさに、見てきたかのように、地獄《じごく》の様相や、そこにいる人の姿形《すがたかたち》などを描写《びょうしゃ》されていましたが、あれは実際に「視《み》えた」のでしょうか。

芥川龍之介　うーん。「視えた」と言ったら嘘《うそ》になると思うが、やはり、小説家が原稿《げんこう》に没頭《ぼっとう》しているときには、宗教家が瞑想《めいそう》しているときとそう変わらないぐらいの没入感があるからね。一心不乱に原稿に取り組んでいると、書いている世界と同通してしまうことがあるわけよ。

だから、今、言ったようなところだけではなく、例えば、羅生門《らしょうもん》について書いていたら、時空間を超《こ》えて、その時代の何らかの存在と通じてしまうようなところがあるしさあ。河童を書けば、河童の世界と通じてしまうし、「蜘蛛の糸」のようなものを書けば、そうした救済の世界につながることもある。

作品のための勉強をしていくうちに、何となく自分の感情が吸い込《こ》まれていく感じというか、地獄にいる人間の気持ちに通じることがある。あるいは、畏《おそ》れ多いが、お釈迦《しゃか》様の気持ちのようなものを多少は感じるときもあるしさ。

里村　はあ。

芥川龍之介　「杜子春」のようなものを書くには、ある程度、中国の仙人界《せんにんかい》の勉強もしていないと駄目《だめ》だけれども、こういうものを書いていると、やはり、その世界のものとつながってくるところがあり、霊界に存在するものたちから、毎晩、インスピレーションが下りてくるので、それをもとにして書いていると、「自分自身が書いているのかどうか」が分からなくなる瞬間《しゅんかん》はあるね。手がひとりでに動くような感じで書き始めるときがある。

時代考証がしっかりした歴史小説を書くときには、やはり、それなりに作業が必要であって、大変なこともあるんだけどな。

小林　今、振《ふ》り返ってみて、例えば、仏教の説話に関する小説を書かれたときなどには、どのあたりの世界からインスピレーションが来たと思われますか。

芥川龍之介　インスピレーションかあ。

小林　ええ。

芥川龍之介　それがどこから来たかが分かったら、私は教祖をやっていただろうから、それは分からなかったけど、それは分からなかったんだけど、君らが言っている「一念三千《いちねんさんぜん》」の世界かな？　それは、何となく理解できていたんだよな。「あの世には、自分の思いの方向に対応する世界があり、そことつながる」ということは、生前から、何となく分かってはいたんだよな。

里村　作品の主題に関しましても、仏教説話等をモチーフにしたものは、自分の頭で考えて、そこに到達《とうたつ》したというより、その主題が下りてきたような感じだったのでしょうか。

芥川龍之介　君、バカにするんじゃないよ。

里村　いえいえ。バカにするなど、とんでもないことです。

芥川龍之介　少しは勉強していたんだからさ。題材に当たるものには、古典からヒントを得ているものも数多くあるけど、その心境の描写をしている際、それに同通するものが霊力《れいりょく》を与《あた》えてくるようなことはあったし、そうした霊力が筆《ふで》に乗り移ったようなところが、読者の間に一定の反響《はんきょう》を呼び起こした面があったのではないかな。

生前、短編小説ばかり書いていた理由

里村　当時の作家のなかには、どちらかというと、生きていたときには、それほど名声を手にすることなく、逆に、死後、名前が遺《のこ》る方もいます。

芥川龍之介　うん、うん。

里村　芥川先生は、生前から、すでに大変な名声を博していたと思われますが。

芥川龍之介　いやあ、その理由は俺にもよく分かるなあ。俺の作品は短編中心だからだな。短編が多いからさあ、すぐ読めるんだ。だから、多くの人に読んでもらえたんだ。

里村　長編は執筆《しっぴつ》なさらなかったのでしょうか。

芥川龍之介　長編は書くのも読むのも時間がかかるからね。

里村　ええ。

芥川龍之介　俺のような「インスピレーション体質」の人間だと、短編的なものは、すぐに、パッと情景が見えるように思い浮《う》かんでくるんだけど、長編になると、かなりの体力と構想力が要《い》るし、資料の蓄積《ちくせき》もそうとう必要だからね。

そういう意味で、性格的に、そこまで長くお付き合いできないというか、「根《こん》を詰《つ》めてやり続けるのは、きつい」というところはあったなあ。

里村　なるほど。そうすると、別に、飽《あ》きっぽいために短編を書いていたわけではないのですね。

芥川龍之介　飽きっぽいわけではないんだけど、興《きょう》が乗っているときに一気に書き上げてしまわないと、ほかのところに関心が移ったりしたとき、書き続けるのが難しくなるじゃないか。しかし、完成はしたいから、その意味で、どうしても短編になりがちではあったんだけどね。

里村　そうですか。

3　親友・菊池寛《きくちかん》は、なぜ地獄《じごく》に堕《お》ちたのか

菊池寛《きくちかん》は「機を見るに敏《びん》」で金儲《かねもう》けのうまい男

芥川龍之介　それと、短編中心だった理由として、経済的な問題もあったかもしれないけどね。「とりあえず作品にしないと、お金に換《か》わらない」ということもあったかもしれない。もう少し経済的に安定していれば、ゆっくりと大作に取り組むことができたのかもしれないけどな。

里村　はい。その「お金」のところなのですが……。

芥川龍之介　お金のところで、何をうなずいているのよ。ん？

高間　芥川先生がご自殺された原因として……。

芥川龍之介　ご自殺……（笑）。そんな言葉は初めて聞いたわ（会場笑）。「ご自殺」ねえ。なるほど。

高間　「親族の借金を肩代《かたが》わりしたこと」が自殺の直接的な原因ではないかと思うのですが、かなりお金に四苦八苦していたそうですね。

芥川龍之介　（笑）おたくさまのことは知りませんが、今でも、一万人が小説家を目指したとして、そのなかから一人、名のある人が出ればよいほうだ。そのくらいの難しさはある。だから、たいてい、アルバイトをしながらでないと書けないぐらいで、「小説そのもので飯《めし》が食える」ということは、そんなに簡単なことではない。

そもそも、小説を読んでくれなくなってきているからね。作家の数は増えているけれど、読んでくれないので、才能だけでは駄目《だめ》で、才能に運、さらに時代的なヒット性のようなものが加わらないと、厳しいわなあ。

いやあ、昔から、作家で食べていくのは大変だったよ。

だから、それで食べていけるように、総合雑誌なんかをつくってさあ、「一人では無理だけど、みんなで寄せ集まって書けば、誰《だれ》かがどれかを読みたいだろう」と考えた。その分、買い手が多くなって、食べていけるわけだね。身を寄せ集めて、作家も雑誌を出したりしてたんだけど、続かないことが多くてなあ。

そういう意味では、件《くだん》の菊池寛《きくちかん》は金儲《かねもう》けのうまい男だからね。

里村　ええ。

芥川龍之介　何というか、「機を見るに敏《びん》」だわな。

「地獄の一丁目」で文化人向けのサロンを開く菊池寛《きくちかん》

里村　その菊池寛《きくちかん》さんが創刊した「文藝春秋《ぶんげいしゅんじゅう》」の創刊号に、芥川先生は寄稿《きこう》なさっていました。芥川先生は菊池寛さんとは学生時代からの親友であり、「芥川先生の葬儀《そうぎ》のときには、菊池寛さんが友人代表として弔辞《ちょうじ》を述べた」と伺《うかが》っています。菊池寛さんとは今でも交流がありますか。

芥川龍之介　君、なかなか、コーナーいっぱいに球を投げてくるなあ。

里村　いえいえ。

芥川龍之介　ええ？　才能があるじゃないか。

里村　いやいや（笑）。とんでもないことです。

芥川龍之介　君、文藝春秋に行って、編集長をやってこいよ。

里村　いやあ（笑）（会場笑）。滅相《めっそう》もございません。

芥川龍之介　いや、タイプ的に合っているわ。

里村　いやいや（笑）。

芥川龍之介　ええ？　行け行け！　行け！　あちらに行き、「俺《おれ》が編集長をするから、代われ」と言って、編集長交代を申し入れるんだ。攻撃《こうげき》するんじゃないよ。交代を申し入れろ。な！　君、才能があるわ。そういう才能がある。

里村　ありがとうございます。それに関しては受け止めさせていただきます。

芥川龍之介　それで、俺は何を訊《き》かれたんだっけ？

里村　菊池寛さんと、今、霊界《れいかい》で交流はございますか。

芥川龍之介　うーん。それは厳しい言葉だなあ。小説家として、どう受け止めて、どう答えるべきかなあ。

里村　いえ、「生前の親友であった方と今でも交流があるかどうか」ということは、ごく普通《ふつう》の質問です。

芥川龍之介　うーん。厳しいな。いやあ（笑）。言葉を選ばなくてはいけないじゃないか。

里村　言葉を選ばないといけない？

芥川龍之介　「人でなし」と思われてもいけないし、友情を感じない人間のように思われてもいけないし、裁判官みたいに神の代理人として物事を判断するように見られてもいけないし、「自分のことを棚《たな》に上げて、人のことを言えるのか」という言い方もあるしさ、言葉を選ばなければいけないわなあ。

ただ、雑誌の編集者だけを責める気はなくて、やはり、作家たちも、みんな、あまりまっとうな生き方はしてないよな。

だから、世間のみなさまのお目を汚《けが》すというか、暇《ひま》な時間を潰《つぶ》すことのお役には立っているのかもしれないが、生活は、みんな、厳しかったり、苦しかったり、乱れていたりする。そういう、普通ではない、常人とは違《ちが》う生活をしていればこそ、変な作品も書けることがあってな。

里村　いや、決して変な作品ではありませんが。

芥川龍之介　いやあ、物書きでねえ、「人格的に大成する」というのは大変なことだよ。

漱石《そうせき》先生という大家でも、やはり、晩年、伊豆《いず》で大吐血《だいとけつ》をされました。そうとう神経を使って苦しまれていた。家庭的にも鏡子《きょうこ》夫人とかなりの葛藤《かっとう》があった。

「天才の苦しみ」というか、創作の悩《なや》みや苦しみは、常人がなかなか理解できるようなものではなくてね。創造の苦しみは、そうとうなものなんだけど、夫人であっても理解できないようなところがあるんだな。

そういうことで、要するに、物書きは、みんな、少々〝狂《くる》っとる〟わけよ。

特に、プロになればなるほど狂ってきているので、君、寛恕《かんじょ》の心を持ちたまえ。

里村　いや、持っております。

芥川龍之介　寛大で許す心を多少は持って判断しないといけない。君らのように、宗教団体に勤めて給料をもらえる身分とは、ちょっと違うのさ。

里村　いえいえ、決して責めるつもりはありません。菊池寛さんと……。

芥川龍之介　その関係を問われたら、「結論」が出てしまうからさ（会場笑）。

里村　本当に、事実をありのままに述べてくだされば結構です。

芥川龍之介　ときどき、見舞《みま》いには行っているよ。

里村　お見舞いに？

芥川龍之介　見舞いにはな。「世話になったのに、すまんなあ」という感じの見舞いには行っているよ。

里村　どういう所へお見舞いに？

芥川龍之介　うーん。それを訊くか。

里村　はい（会場笑）。

芥川龍之介　ハハハハ。それを訊くか。うーん。本性《ほんしょう》は、やはり、趣味《しゅみ》に表れる

わな。彼の趣味は、競馬・競輪系の遊びから麻雀《マージャン》や酒や女、そうした世界だから
さ、君らから言えば、いわゆる「地獄《じごく》の一丁目」だよ。

里村　決してそんなことはありませんが。

芥川龍之介　〝地獄の一丁目〟である新宿歌舞伎町《しんじゅくかぶきちょう》の地下を掘《ほ》ったら出てくるよ
うな世界かな。

里村　ああ。

芥川龍之介　そういう所には文化人がたくさん集まっているんだよ。いちおう、
彼もサロンを開いているからさ。そこに、いろいろな文人たちが集まっているよ

うだよ。俺自身は、そこにはいないけどね。だけど、仲間が集まって、にぎやかにやっているんじゃないかな。

里村　確かに、先日、菊池寛さんは、「サロンのような感じで集まっている」と言っていました。

芥川龍之介　そうだろうね。

松本清張《まつもとせいちょう》は「深海魚のチョウチンアンコウ」のような暗いやつ

里村　みなさんが集まっている所には、ほかに、どんな方がいますか。

芥川龍之介　それは、君、本の売れ行きに影響《えいきょう》が出るからさあ、まずいんじゃないか。

里村　いえいえ。「ときどき、松本清張《まつもとせいちょう》が来る」という話でしたが。

芥川龍之介　アッハハハ。いや、でも、それは、あまり本筋ではないのではないか。菊池寛は、松本清張を、本当は、それほど好きじゃないと思うな。清張はさあ、嫉妬《しっと》深《ぶか》いわなあ。恨《うら》み深いというか、どこか暗いな。さすがに暗すぎる。菊池寛には、暗いところもあるけどさ、陽気なところもあるんだよな。

里村　ええ。

芥川龍之介　だから、「陽気な地獄霊もいるんだ」ということを知っておいたほうがいいな（会場笑）。

里村　ああ。菊池寛は、やはり地獄霊ですか。

芥川龍之介　それはそうだよ。清張は暗いわな。どう言ったって、明るくしようがない。深海魚のアンコウのような男だからさ。チョウチンアンコウみたいなやつだから、暗い、暗い。暗いわなあ。

里村　ええ。

芥川龍之介　菊池寛は、「一時期、この世の憂《う》さを晴らすような感じの明るさ」

を持っているからさ。そういう意味で、にぎやかにやっているところもあるから、見ようによっては、「ここは天国だっけ？」と見えなくもない。「キャバレー・天国」なんて感じの場所があったとしたら、そういう「憂さ晴らしの天国」のような所かもしらんしな。

里村　歌舞伎町の地下のような所というと、本当にイメージが湧《わ》くのですが、そこは、地獄の鬼《おに》のような存在が、厳しく、しっかりと人々を反省させているような場所なのでしょうか。

芥川龍之介　鬼ねえ。まあ、「羅生門《らしょうもん》」の鬼が行くかどうか。

里村　はい。

芥川龍之介　うーん。鬼ねえ。ああいう人たちは〝懲《こ》りない連中〟だからさあ。

里村　はあ。

芥川龍之介　まあ、懲りないんじゃない？　それは、本当の鬼じゃないだろうけど、そういう繁華街《はんかがい》は、警察がパトロールをし、しょっちゅう摘発《てきはつ》に入るような感じの場所だろうね。

だから、警官の姿をした鬼さんが現れて、取り締《し》まりのようなかたちで、よく入るんじゃないの？　だけど、みんな、蜘蛛《くも》の子を散らしたように逃げて、しばらくしたら、また復活する。そんなところなんじゃないかな。

「賭博《とばく》の胴元《どうもと》」のようにも見えた菊池寛《きくちかん》

里村　芥川先生が菊池寛《きくちかん》さんをお見舞いに行かれたときには、お見舞いの言葉として、どのような言葉をかけるのですか。

芥川龍之介　お見舞いの言葉はね、「君が、こういうことに手を染めてくれたおかげで、俺は生活が成り立ったんだ。ありがとうよ。それだけの功徳《くどく》を積んだにもかかわらず、君が天国に還《かえ》れないのは、まことに残念である」というものだね。「それは、やはり、私の書いたものが世の中のために十分に役には立たなかったせいであろう。もっと役に立つものを書けていたら、君の積んだ功徳は、必ず世の中を潤《うるお》したことになり、君は、ここから上がれるはずだ。それなのに、君が上がれないのは、それだけの救済力が私になかったからだ。私の〝蜘蛛の糸〟が細かった。テグス（釣《つ》り糸）ぐらいに太ければ、上げることができたのになあ」
ということかなあ。

里村　芥川先生の作品は、岩波《いわなみ》文庫などをはじめとして、今も書店で普通に並んでいます。しかし、菊池寛さんの本は、めったに並んでいないのです。

芥川龍之介　探せば古本屋にあるよ。

里村　古本屋ですか。

芥川龍之介　うん、うん。

里村　今、芥川先生は「功徳」とおっしゃいましたが、芥川先生から見て、菊池寛さんの何が間違っているために、今、彼は地獄にいるのですか。

芥川龍之介　あの時代に一定の役割は果たしたと思うんだけどね。一定の役割は果たしたし、日本の近代の文芸をつくっていくためのパトロン的な立場に立っていたから、そういう人が必要であったとは思うんだよなあ。だけど、見る人から見れば、「賭博《とばく》の胴元《どうもと》」のように見えたのかもしれないから（笑）。

私小説作家には「破滅《はめつ》型の人生」で地獄《じごく》行きの人が多い

芥川龍之介　「文化人のその後」を、全部、明らかにして、天国と地獄《じごく》の比率を出してみなければ分からないけど、名前が有名でも地獄に行っている人の数は多いよ。

特に、私小説作家はそうだな。私の生活を書くタイプの人、つまり、「体験作家」だね。体験小説を書いている作家は、できるだけ人がしないような特異な体験を書けば、面白《おもしろ》いから、読んでもらえるし、読者は追体験できるからね。

例えば、実際に人を殺すわけにはいかないけれど、「殺してみたい」という衝《しょう》動《どう》を持っている人はいるわけですよ。

里村　うーん。

芥川龍之介　例えば、「憎《にく》い上司」とかさ、いろいろ、いるわけだよな。親子関係でもね、「殺してみたい親」とか、「殺してみたい子供」とかがいるけど、実際にはできないので、罵声《ばせい》を浴びせられながらも我慢《がまん》して、葛藤を起こしている。そういうものを、すっきりと小説で書いてくれれば、今だったら映画などにもなるんだろうけどさ。

里村　はい。

芥川龍之介　そういうことで、書くほうは「地獄」のなかで書いているわけだ。読むほうは、それで、すっきりと気分転換《てんかん》できる。自分自身で誰かを殺さないままでも、他人が代わりに殺してくれるストーリーの本を読むことで、すっきりしている人もいるわけよ。

そういうことで、物書きが、人に読まれるようにしようとすれば、特に、一作目から二作目、二作目から三作目と書き進むにつれて、刺激《しげき》度を上げていかなくてはならない。そうしないと、読者が離《はな》れていくから、だんだん過激になる。過激になってくるから、生活も乱れてくるんだな。

里村　はい。

芥川龍之介　要するに、乱れないと面白くないからね。だから、自殺未遂《みすい》をしてみたり、犯罪を起こしてみたり、友達《ともだち》の女房《にょうぼう》を奪《うば》ってみたり、借金を背負って逃《に》げ回ったりする。そういう、いろいろな犯罪に絡《から》むことや、この世では、普通、常識的には、やってはいけないようなことに踏《ふ》み込《こ》んだものまで行くと、私小説的なものは、とっても面白いんだよな。

そして、それを読者に読ませてあげることでもって、貢献《こうけん》しているつもりになり、給料というか、原稿料をもらっている人が多いわけよ。

だから、破滅《はめつ》型の私小説家は、そうとういるわな。俺も最期《さいご》はそうだったかもしらんが。

里村　いえいえ。

芥川龍之介　自殺に至ったり、一家が消滅したり、破産したり、刑務所に入ったり、麻薬患者《まやくかんじゃ》になったりと、いろいろするわけです。

例えば、「若いうちに麻薬の体験をした」とかさ、「人殺しの経験がある」とかさ、そういうものが珍《めずら》しいから、もてはやされたりするね。

あるいは、今はもう普通になってしまったから、大して小説のネタにはならないけど、一昔前だったら、「結婚していないのに妊娠《にんしん》してしまい、堕胎《だたい》する」ということは、小説において、ものすごく重要なテーマになったこともあったわな。今は、それだけじゃ、もう面白味がなかろうけどな。

芥川龍之介と菊池寛《きくちかん》の違《ちが》いとは

小林　芥川先生は、最後、自殺をされたわけですが、生前の生き様において、菊《きく》池寛《ちかん》さんとは、ずいぶん違《ちが》いがおありだったように見えます。

芥川龍之介　うーん。

小林　ただ、芥川先生と菊池寛さんとの違いを、スパッと説明してくださる人が、なかなかいないのです。

芥川龍之介　うん。なるほどね。

小林　ぜひ、一言、頂けないでしょうか。

芥川龍之介　菊池寛に関しては、やはり、金儲けの才能のところだよな。これには、けっこう天性《てんせい》のものがあるんでね。

彼は、作家にもなったけど、すごく屈折《くっせつ》した人生を生きるなかで、生活力を磨《みが》いたようなところがあるわな。今で言えば、生きていく力のようなものを磨いたので、抜《ぬ》け目なく生きていく道を、だいぶ身につけたようなところがある。

彼には金儲けの才能があったんだろうと思うね。「何が金を生むか」ということについて、嗅覚《きゅうかく》がよく利《き》いたんだろう。

小林　そうすると、お金儲けの手段として、いろいろな材料を使い……。

芥川龍之介　お金の〝親戚《しんせき》〟は、女とか、犯罪とか、地位や名誉《めいよ》に燃えているやつとかだよね。

だから、あなたがたのスクリーンにかかったら、出せない作品がたくさんあると思うけど、それを、「文芸」ということで、「何でもあり」ということにした面はあったわな。

4 文藝春秋《ぶんげいしゅんじゅう》の心理を分析《ぶんせき》する

ありもしないことを書く背景にある「創作の苦悩《くのう》」

里村　「菊池寛《きくちかん》さんには、お金儲《かねもう》けの嗅覚《きゅうかく》があった」とのお話ですが、そのことが、彼がつくった文藝春秋社《ぶんげいしゅんじゅう》のその後のあり方に大きな影響《えいきょう》を与《あた》えていると、私は考えています。

芥川龍之介　うーん。

里村　先日、菊池寛さんは、「嘘《うそ》でも本当でも何でもいいじゃないか」とか、「週刊誌は、基本的には、ゆすりたかりを仕事の原理にしてる」とか言っていました（『「文春」に未来はあるのか』参照）。

まさに、賭博《とばく》の胴元《どうもと》の論理をジャーナリズムの論壇《ろんだん》に持ち込《こ》んだのが、「文藝春秋」の大きな間違《まちが》いだったと思われます。もちろん、文藝春秋という会社の全部が悪いわけではありませんが、そういう毒水を流したのは事実だと思います。

そのことが、現在、菊池寛さんが地獄《じごく》にいる理由の一つかと思うのですが、それについては、どうお考えでしょうか。

芥川龍之介　まあ、そうも言えるが……。うーん。君らには分かってもらえないかもしれないけれども、やはり、創作の苦悩《くのう》というものがあってなあ。

プロの作家といったって、一年で原稿《げんこう》を三百枚も書けば、けっこう一人前のプロなんだな。ものすごく流行《はや》っている人は別にして、たいてい、一日で原稿一枚ぐらいしか書けないんだ。要するに、「書けない日がある」ということだな。そのため、みんな、銀座で酒を飲んだり、作家同士で集まって、くだを巻いたり、いろいろするわけだ。

体験的なものは書きやすいから、一作、二作は書けるんだけど、あとは書けなくなって、いきおい、はちゃめちゃな人生をいろいろと送ってみたり、体当たりでいろんなことに首を突《つ》っ込んだりするわけだ。今の文藝春秋系もそうかもしれないけどもね。

週刊誌系は、ありもしない事件でも、わざと事件を起こすよね。

里村　ええ。

芥川龍之介　事件を起こして嵐《あらし》を巻き起こし、向こうが怒《おこ》ってきたりすると、よけいに食いつき、雪だるま式に大きくすることで食べていく。まあ、そういうことだよな。だから、書く材料がないと、自ら事件を起こしたりするわけだね。

刑務所《けいむしょ》のなかで書いて作家になる人もいるしな。物書きの世界は荒《あ》れた世界ではあると思うよ。あなたがたのように、「神様、仏様の世界の話だけを書いて生きていける」ということのほうが不思議なんだ。

里村　いえいえ。

「フィクション」と「ノンフィクション」の境界線

小林　神様、仏様の世界以前の話として、「小説の世界のなかで、いろいろな話をつくり出す」ということと、「報道の世界で、〝事実〟をつくり出す」ということの間には、越《こ》えてはならない一線があると思います。

先ほどからお話を伺《うかが》っていますと、芥川先生は、幸福の科学についても、ずいぶんお詳《くわ》しいご様子ですので、今回の捏造《ねつぞう》記事のこともご存じかと思います。（注。「週刊文春」平成24年7月19日号は、幸福の科学について裏取り取材もない事実無根の記事を掲載《けいさい》した。）

そこで、今、私が述べたことについて、どのようにお考えになるか、教えていただけますでしょうか。

芥川龍之介　同じ出版社がフィクションとノンフィクションの両方を出しているから、だいたい、そうなるんだろう。

フィクションとノンフィクションの両方を出していると、その境界線がよく分からなくなってくるんだよな。ノンフィクションでなければならないのに、フィクションでも構わないような錯覚《さっかく》にとらわれることがある。

里村　なるほど。

芥川龍之介　一方、フィクションのなかには、ノンフィクションの要素をそうと取り入れたものもある。小説では、事実を数多く取材して克明《こくめい》に書いた作品が、それなりに評価されることもあるのでね。このあたりに、倫理観として峻別《しゅんべつ》できないでいるというか、混線している部分があるね。

売れない作家を抱《かか》える文藝春秋《ぶんげいしゅんじゅう》が嫉妬《しっと》する「霊言《れいげん》シリーズ」

芥川龍之介　要するに、「結果的に、よい数字が出て、売り上げが立てばいい。判断されるのは、最終的には決算の数字だけだ」ということになれば、「結果的に、より多く売れるものを取れればいい」ということになる。そこで、いきおい、みんなが注目している人や評判のある人について書くようになるわけだ。そういう人のことを書けば売れるからね。

さらに、誰《だれ》もがその人のようになりたいわけだけど、なれないから、その鬱憤《うっぷん》を晴らす意味で、その人のスキャンダル的なものを書く。そうすると、売れ行きが伸《の》び、読む人のほうもスッキリして、「自分は、そんなに偉《えら》くなってはいないけれども、偉くなったら、このように悪口を書かれるから、偉くならなくてよかったなあ」と思い、自分をなだめていることがあるわけですよ。

みんな、総理大臣にはなりたいけど、なれないので、悔《くや》しい。しかし、なったら、毎日、悪口を書かれる。

結局、「大川隆法さんのように九百冊も本を書いたら、さぞかし有名になって、いいだろうなあ」と思っている作家諸君を、「週刊誌に、こんなに悪口を書かれるから、そんなに数多く書けなくてもいいんだ」ということで、なだめているわけです。「書けないことも、いいことなんだ。週刊誌の話題にならないで、平和に生きていける」ということでね。

はっきり言えば、あなたがたは嫉妬《しっと》されているんですよ。

彼らは、「文藝春秋《ぶんげいしゅんじゅう》」という月刊誌を出しているけど、売れない作家を〝何千人〟も抱《かか》えていて、いつも、「書くスペースを寄こせ」と言われているわけだ。そして、「いや、先生、これは売れませんから」と言って断りながら、少しでも売れそうなものを選んでいるのであって、載《の》せられないものがたくさんあるわけだね。そういう不満がたくさん溜《た》まっている。

「片や、新聞で広告を打ち、本屋でたくさん本を山積みにして、二十数年間もバーッと売れ続けている人がいる。しかも、それを、ほとんど霊界《れいかい》からのインスピレーションでやっている」ということは、彼らにとっては、ものすごくズルをしているように見えるわけよ。

そして、「俺《おれ》たちは、ない頭を絞《しぼ》り、一生懸命《いっしょうけんめい》、題材を引いて書いているのに、こんなに安直に本ができるのか」と思うんですね。

文藝春秋であっても、霊界の芥川龍之介へのインタヴューなんか、絶対に不可能なことだし、あなたがたは、アメリカの大統領の守護霊からロシアの大統領の守護霊まで、何でも霊言《れいげん》をやるんだろう?

里村　はい。

芥川龍之介　要するに、あなたがたは、マスコミにとって不可能なことを平気でやるじゃない?　彼らは、寝《ね》ているときに顔の上を土足で歩かれているような感じを受けているわけよ。

だから、一矢報《いっし》いないと自分たちのアイデンティティー（独自性）を保てないし、自分たちが抱えている、売れない作家たちの、労働組合のような不満を抑《おさ》え切れないのよ。

つまり、彼らは、君たちの批判をしているようでもあるけれども、自分たちのアイデンティティーを護《まも》りつつ、売れない作家先生たちに、「まあまあ、まだ、あきらめないでください。そのうち、日が当たることもありますから。ああいう現象は一時的なもので、たまにしか起きないことだから、あれは見ないのがいちばんですよ。やはり、自分の仕事をしてください」と言って、なだめているような感じかな。

「週刊文春」新編集長をどう見るか

里村　芥川先生は、今、「安直に」と言われましたが、大川総裁がここ二年ほどの間に出された霊言集は百冊以上になります（注。トータルでは二百冊以上）。そして、その背景には、ものすごい超人《ちょうじん》的な努力があるわけです。「霊人を招霊して、その言葉を語る」というのは、そう簡単にできることではないのです。

芥川先生は、先ほどから名前の出ている文藝春秋の、「週刊文春」という週刊誌はご存じですね。

芥川龍之介　うんうん。知っているよ。

里村　彼らは、背景にある努力の部分を見ずに、悪口や批判を……、いや、もう悪口を超えていますが、裏取りもせずに、つくり話を載せているのです。

芥川龍之介　うーん。いや、それなら、小説家の才能があるわなあ（笑）。

里村　え？　今、芥川先生は、盟友の菊池寛さんの立場を慮《おもんぱか》って、そう言われたのだと思いますが、菊池寛さんのことは捨て置いて、現在ただいまの芥川先生のお考えをお聴《き》かせいただけないでしょうか。

「週刊文春」は、毎週、ビーンボールまがいの記事を載せていますし、だいたい、下半身についての記事が中心です。「つくり話で裏取りなし」という記事も多いのです。この傾向《けいこう》は、今年の四月に、新谷学《しんたにまなぶ》という人が新編集長になってから、特にひどくなっているのですが、芥川先生は、この新編集長と「週刊文春」について、どのようにご覧になっているのでしょうか。

芥川龍之介　うーん。厳しいねえ。菊池寛に、死者にムチを打つような感じになるな。まあ、俺も死者か。

里村　いやいや（笑）。

芥川龍之介　死者にムチを打つようなことを言うのは忍びないねえ。

里村　いや、違います。それは……。

芥川龍之介　最近、芥川賞と直木賞が決まったところらしいので……。

里村　はい。受賞者が発表されました。

芥川龍之介　私の名前をまだ伝えてくれている会社なので、あっさり潰《つぶ》れられても、困るところがないわけではない。

里村　芥川賞であれば、ほかの出版社が受け継《つ》いでくれると思います。

芥川龍之介　ああ、そうですか。

里村　はい。

本屋で「価値観の違《ちが》う書籍《しょせき》」間の戦いが起きている

芥川龍之介　ある意味では、あなたがたの価値観の本がたくさん出て、本屋で積まれることによって、戦いが起きているのだろうと思うんだ。

里村　戦いですか。

芥川龍之介　あなたがたは、アオカビ……、アオカビじゃないか。ペニシリンだかナフタリンだか、何だか知らないけど、あなたがたの本を積んで、その横に、きわどい地獄的な本を積むと、本屋で戦いが起きるわけよ。お互《たが》いに撃退《げきたい》し合っている感じになるわけで、実際には店長の〝洗脳合戦〟が起きているのよ。

だから、「内容的に、どちらのほうが好きか」ということだね。「売れるかどうか」ということもあるけど、誰しも良心があるから、「いいものを売りたい」と思っている店もある。「いいものを売りたいけど、それは格好をつけているだけであり、食べていけなければ話にならないので、とにかく売れるものを」と考える店と、両方があるわけだ。

そして、あなたがたが、神仏の心を説いた本を出せば出すほど、「逆に、地獄マーケットも広げなければいけない」と思い、頑張《がんば》っている者も、いることはいる。「こちらのほうが面白《おもしろ》いよ」「こっちの水は甘いよ」ということでね。

とにかく、この世は地獄にかなり近いので、それなりに共感する人がたくさんいるし、そういう者が賞を取ったりすることも多い。それは、善悪で判断していないからだな。要は、「面白いかどうか」「人の心を惹《ひ》きつけるかどうか」で判断しているわけだね。

まあ、「週刊文春」について意見を述べるのは苦しいなあ。私から見れば後世のものだからね。しかも、私たちのころは、こういう力を週刊誌が持っている時代ではなかったので、一概《いちがい》には言えないんだけどな。

私だって、死ねば、しかも自殺であれば、「芥川龍之介自殺」として、当然、週刊誌にたくさん載るでしょう。

里村　ええ。

芥川龍之介　「金欠《きんけつ》で自殺」とか、いろいろ書かれるのかどうか。

里村　現代であれば、芥川先生の死に絡《から》んで、実際にはないことまで、いろいろと書かれると思います。

芥川龍之介　うーん。

里村　それは間違《まちが》っていると私は思います。

芥川龍之介　今は、「言論の自由」が許されていて、「信教の自由」もあるけれども、宗教的な強制力は、やや落ちている時代だわな。

しかし、宗教の強制力が強いと、例えばキリスト教国でもそうだけど、やはり、それに反するものを出しにくいような空気があるじゃないか。

だから、「宗教が弱まっている」ということは、文筆業をやっている人にとっては、「天国的なものでも、地獄的なものでも、何でも書いていい」ということで、書く領域が広がるから、ありがたい面が多少あるわけよ。

里村　ああ。

芥川龍之介　つまり、「教会の意向に沿ったものしか書けない」ということであれば、ある意味で、「共産主義国家や独裁主義国家では、政府の意向に沿ったもの以外は出せない」というのと同じことが起きるわけだな。

今、宗教が弱まっている間隙《かんげき》を縫《ぬ》って、いろいろなものを出せているけど、それは「思想の自由市場」のようなものであって、「売れるか、売れないか」で最終的に決着をつければいいわけだよ。
ただ、地獄的なもののほうがたくさん売れるなら、この世は地獄に向かっていくことになるのかな。

「菊池寛《きくちかん》」と「芥川龍之介」をカモフラージュに使う文藝春秋《ぶんげいしゅんじゅう》

小林　「思想の自由市場」という考え方は、悪口を言う人が少数派の場合にはよいのですが、それが多数派でメジャーな場合には問題があると思います。
そこで、芥川先生から、ぜひコメントを頂きたいことがあります。

芥川龍之介　うーん。

小林　今、文藝春秋《ぶんげいしゅんじゅう》という会社の正体が明らかになりつつありますが、彼らが、何十年もの間、自分たちの会社をカモフラージュするために使ってきたものが二つあるように思います。

その一つが、「菊池寛《きくちかん》」というブランドです。もう一つは、芥川先生のお立場からすると、「利用されている」ということになるかと思いますが、「芥川龍之介」というブランドです。文藝春秋は、この二つのブランドを使って、彼らが本当に考えていることや、やっていることを、カモフラージュしてきたのではないでしょうか。

芥川先生の目からご覧になったとき、こうした文藝春秋の姿勢は、どう見えるのでしょうか。

これについてのコメントを頂ければ、たいへんありがたく存じます。

芥川龍之介　でも、あれなんじゃないかねえ、君らもよく議論しているというか、教養として、よく捉《とら》えていると思うけれども、これは嫉妬心の研究なんだ。要するに、「マスコミとのかかわり」は、全部、嫉妬心の研究にすぎないんだよ。この世に存在する嫉妬心のあり方と多様性の研究から、人間の本質に向かっていくわけだね。

彼らは、やはり、人々の嫉妬心を代弁しているんだ。本来、「文春」や「新潮《しんちょう》」は保守派だから、本当は左翼《さよく》とは一線を画していなければならないのだろうと思うが、そういう保守派の雑誌であっても、嫉妬心はあるわけよ。そして、嫉妬心の集合想念のようなものを持っている。

マルクス主義は嫉妬の体系だよね。基本的に、そうだと思うんだよな。貧乏人《びんぼうにん》の恨《うら》みを代弁しているのはマルクス主義だ。

しかし、保守系のものであっても、嫉妬がないわけじゃない。それは何かというと、地位や名誉《めいよ》を手に入れるとか、自分にはないほどの巨富《きょふ》を築くとか、普通《ふつう》は一夫一婦制の下《もと》で悪妻《あくさい》に苦しんだりしているのに、〝マハラジャ〟や〝ハーレム〟のような生活をしているとか、そういう人がいたら、それを「許せない」と考えるような嫉妬でね。

その部分を追求すると、共産主義と保守、まあ、右翼かもしれないけど、その主張が妙《みょう》に一致《いっち》してくるんだよな。両極端《りょうきょくたん》になると、嫉妬の部分で一致してきて、結論的に似てくるところがあるんだよ。

だから、このへんについては、我慢《がまん》できる範囲《はんい》があるかもしれないね。

結局、週刊誌というものは、偉い人がいなければ成り立たないんだろ？　偉い人がいて、それを撃《う》ち落とすことで、飯《めし》を食っているわけだ。

里村　そうです。

芥川も現代に生きていたら週刊誌に叩《たた》かれるだろう

芥川龍之介　みんなが〝スズメ〟ばかりだったら、全然、面白くないわけでね。だから、週刊誌は、偉い人を、ある程度、〝製造〟もしているんだと思う。「虚《きょ》像《ぞう》を大きくして、架空《かくう》の権力者をたくさんつくり上げ、それを撃ち落としていく」というように、積み上げては壊《こわ》し、積み上げては壊し、「賽《さい》の河原《かわら》の石積み」のようなことをやっているのが今のジャーナリズムだと思うな。

そして、彼らは無名の権力だよな。出版社も新聞社も、外部の人に書かせている記事には名前が付いているかもしれないけれども、〝地《じ》の文〟で書いている人たちについては名前がほとんど出ない。

だから、彼らには、無名であることに対する屈折《くっせつ》感があるわけよ。自分の名前で本を書いたり言論を発表したりしている人に対する嫉妬がすごくあるんだ。

しかし、彼らは、自分の名前で書くとなると、生活が成り立たない。「独立して、やれるか」といったら、みんな、自信がない。本を書いても売れなかったら、それで終わりだ。

文藝春秋のほとんどの社員は、作家や評論家になれるものなら、なりたいだろう。自立して飯が食っていけるようになるなら、なりたいだろうけど、なれないから、無名の権力として戦っているわけだよね。

その嫉妬心の部分には共産主義と共通するものがあるんだよな。

俺だって、もう死んでいるから、どうでもいいんだろうけど、生きていれば、当然、嫉妬の対象になり、私生活まで暴《あば》かれて、いろいろ書かれるだろう。

例えば、週刊誌で、「芥川龍之介、実母が発狂《はっきょう》して死んだ影響か？」ということを打ち抜《ぬ》かれたら、当然ながら、個人として傷つくし、私の人生観に大きな影響を与えるのは事実だろうな。作品にも影響が出るかもしれない。

でも、そういうことが、人間観を深める意味で役に立ち、「それを個人として昇華《しょうか》していこう」と努力していくこともあるかもしれないね。

ただ、「これだけ有名になったら、こんなことを書いても構わないだろう。有名人、あるいは公人にはプライバシーはないのだ」という、彼らの理論は、別に、どこかが制定したわけじゃないんだよ。何かが認めたものでも神の言葉でも何でもない。「自分たちの都合のいいように、不文法《ふぶんほう》というか、慣習法風につくり上げた」ということかな。

まあ、有名税だな。自分たちでつくった〝税金〟だ。

5　欲得ジャーナリズムの限界を語る

マスコミには「政治家に対する嫉妬心《しっとしん》」もある

里村　「保守にも嫉妬《しっと》がある」とのことでしたが、嫉妬をすることが正義とされてしまうと、ものすごく怖《こわ》い事態になると私は思います。

要するに、今の日本で、無名の権力による、ある意味でのファシズムが、進行しているかのように感じられるのです。

毎週、多くの部数の週刊誌が出ていますし、それが新聞や電車内で広告され、また、それをテレビが取り上げたりすることで、誰《だれ》かが〝血祭り〟にされているわけですが、私には、これが天国的なものとは思えません。

今、芥川先生は、河童《かっぱ》と一緒《いっしょ》に泳ぐような、非常にきれいな……、きれいかどうかは分かりませんけど……。

芥川龍之介　（笑）

里村　そういう世界にいらっしゃいますが、私《わたくし》は、今の日本のこの状況《じょうきょう》は地獄《じごく》そのものではないかと思います。

芥川龍之介　でも、ローマの「パンとサーカス」そのものなんじゃないの。

里村　そうすると、「日本は末期にある」ということになります。

芥川龍之介　日本の人たちは、娯楽《ごらく》を与《あた》えないと満足しないから、闘牛士《とうぎゅうし》ないしはグラディエーター（剣闘士《けんとうし》）のような感じで、いろいろなものをぶつけられて、戦わされているんだろうと思うな。だから、総理大臣も、実業界で成功した人も、撃《う》ち落とされるよな。宗教のほうだって、そうだろう。

今、「文藝春秋《ぶんげいしゅんじゅう》の社員だったら、作家や評論家になりたいだろう」と言ったけれども、ＮＨＫであろうと、朝日新聞であろうと、政治を窺《うかが》っている人たちには、みんな、「機会があれば、政治家にでもなりたい」という気持ちがあるわけよ。

だから、政治家のことを書いているのもまた嫉妬かもしれない。ときおり、実際に政治家になる人もいるからね。「自分もなりたい」と思い、そのチャンスを狙《ねら》っているけど、生活の安定を得るために勤めているので、そういう嫉妬もあり、筆誅《ひっちゅう》として批判を加えている部分はあるわな。

しかし、「嫉妬の感情の部分を、どうやって中和するか」ということは、ある意味で宗教の仕事なんじゃないの？

里村　はい。

芥川龍之介　だから、彼らは、「あなたがただって、嫉妬とまったく無縁《むえん》ではない」ということを書いているわけでしょう。「信者なり教団職員なりであっても、ドロップアウトして、教団から追い出されたり、やめさせられたりすると、教祖に嫉妬して、いろいろと文句を言う」というところを見せて、「どうだ。この世と同じじゃないか」と言っているんだろうと思うんだな。

里村　いや、宗教の世界を、そのような地獄と一緒にされては困ります。私たちは、「嫉妬に対しては祝福の心を広めなければいけない」と考えています。

芥川龍之介　嫉妬を祝福したらいかんよ。

里村　いえ、嫉妬に対しては、祝福の心を広めなければいけないと思うのです。「週刊文春」がよく吠《ほ》えるのは、編集長の「深い劣等感《れっとうかん》」の裏返し

里村　昨日《きのう》の夜、私は、あるジャーナリストと話をしました。雑誌業界の人物です。その方は、「『週刊文春』の新谷学《しんたにまなぶ》新編集長は、やりすぎである」と、はっきり言っていました。

芥川龍之介　まあ、そうかもしれんな。

里村　それから、今回、「週刊文春」は大阪《おおさか》市長のスキャンダルを取り上げましたが、それに関しても、テレビでは、芸能方面のレポーターでさえ、「やりすぎである」と言っていました。

今の「週刊文春」の記事は度が過ぎていると思います。

芥川龍之介　うーん。あれはね、「強い者に喧嘩《けんか》を売り、虚勢《きょせい》を張っている」ということかな。「よく吠《ほ》える犬ほど、本当は弱い」という話があるけど、本当は弱いから、よく吠えているんだよな。

大物に対して吠え、もし、相手が反論できないで黙《だま》ったり、相手に対する世間《せけん》の評価を少しでも落とすことができたりすれば、勝ったような気持ちを味わえるからね。だから、そういうものに挑《いど》んでいくんだけど、その裏には深い劣等感《れっとうかん》のようなものがあるんだ。

里村　劣等感ですね。

芥川龍之介　うん。つまり、「嫉妬心」と対《つい》になっているものとして、もう一つ、「劣等感」があるわけよ。

劣等感を上手にコントロールできる人は、ある程度、「中道」に入《はい》るんだろうけれども、「週刊文春」の現編集長の場合は、劣等感がストレートに自己顕示欲《けんじよく》や嫉妬心になって表れているケースだね。そして、自分をごまかし、「正義」という名前にすり替《か》えてくることもある。彼には劣等感があるんだと思うよ。

芥川賞も直木賞も「クエスチョン」が付いただろう

小林　そうだと思います。ただ、弱者の場合には、それでも、ある種の許しといいますか、その対象になってくるのですが、「いわば第一権力者が、嫉妬心その他、もろもろの感情に突《つ》き動かされて行動し、社会全体を動かす」というのは、はなはだ、まずい状況ではないかと思います。

芥川龍之介　君、第一権力というのは、マスコミのことを言っているんだろ？

小林　ええ、マスコミのことです。

芥川龍之介　ところが、彼らには、そういう自覚はないんだよ。中国や北朝鮮《きたちょうせん》みたいなところなら、そうだけど、マスコミは複数あるから、「自分のところ一社だけが全部の権力を握《にぎ》っている」「自分らが第一権力で、全権を握っている」というような気持ちがないんだよな。

小林　そういう自覚はないとは思うのですが、今回の「週刊文春」の件のように、結果的に、彼らは、けっこう連携《れんけい》をしています。

例えば、いわゆる三流小説を雑誌のなかで書いたりするのは、自由にやっていただいて結構なのですが、それと同じノリで事実報道をすることには問題があります。最も影響力《えいきょうりょく》の強い、現代における権力者の一員が、そういうことをすることに対して、その是非《ぜひ》が問われなければならないと思います。

その観点から見たときに、私の希望としては、ぜひ、芥川先生から、「あまり行儀《ぎょうぎ》が悪いようなら、芥川賞は他社に移すぞ」というぐらいのお言葉を頂きたいと思うのです。

私自身も、小さいころに、児童向けに書かれた芥川先生の小説を読み、その後も、いろいろな小説や詩などを読ませていただきました。先生は、この日本の国の道徳観、善悪の観念、聖なるものを尊ぶ風土などをかたちづくる上で、その一《いち》翼《よく》を担ってこられた方であり、ある意味では、下手《へた》な宗教家よりも影響力のあった方だと思います。

もちろん、われわれ自身も、今、メジャーになってきつつありますので、「周りからの嫉妬の感情に、どう対処するか」という点について、これから一工夫《ひとくふう》も二《ふた》工夫も研鑽《けんさん》を積まなければいけないとは思いますが、芥川先生は、現代のこともよくご存じなので、今のマスコミの状況について、どのようにご覧になっておられるのか、お考えをお伺《うかが》いできればと思います。

芥川龍之介　うーん。でも、君たちは、あれだろ？「菊池寛《きくちかん》の霊言《れいげん》」を出したんだろ？

里村　はい。

芥川龍之介　それを出すだけで、芥川賞も直木賞も、結果的には、かなり泥《どろ》を掛《か》けられたのと同じようなことにはなるだろう。「クエスチョン」が付いただろうからね。「こんなところの品評会で選ばれているのか」ということになるので、結果的には、ある意味での目的は達したんじゃないか。

正体を暴《あば》くというか、「実体は、こんな伏魔殿《ふくまでん》みたいなところに表彰《ひょうしょう》されているんですけど、これでよろしいのでしょうか」ということだよね。

ノーベル賞は、誰もがもらいたいだろうけれども、もしノーベルが地獄にでも堕《お》ちていたとしたら、ノーベル賞の権威《けんい》はかなり傷つくわなあ。まあ、私はノーベルに会ったことがないから、知らないけどさ、例えばの話な。

それと同じことだから、これは十分な報復になっているとは思うよ。菊池寛の実体を知られると、「今後、賞をもらうのを辞退する人が出てきたら、どうしようか」と思って、やはり怖いんじゃないか。

絶滅《ぜつめつ》の危機に瀕《ひん》している雑誌業界

芥川龍之介　それと、月刊「文藝春秋」などは、小説や評論をたくさん載《の》せているとは思うけど、ほんとに読まれないいんだよ。それは、もう嘆《なげ》きだよな。彼らの作品は読んでもらえないんだ。まあ、あんな厚いものを読むほど暇《ひま》でもなくなっているんだろう。現代人は、みな、もう、短いものしか読まないからね。

だから、「読まれない」ということが、文芸の衰退《すいたい》というように捉《とら》えているわけで、その意味では、絶滅《ぜつめつ》期の恐竜《きょうりゅう》のような感懐《かんかい》を彼らも抱《いだ》いているんだよ。「自分らの業界自体が、今、もう絶滅の危機に瀕《ひん》しているんじゃないか」と思っているんだ。

里村　売り上げも、年々、漸減《ぜんげん》していますからね。

芥川龍之介　「危ない、危ない」と。しかも、要するに、「電子の世界に紙が負けつつある」と感じているわな。

それと、もう一つある。

私だってインスピレーション体質ではあるけれども、今、もし私が同時代に生きていたとして、作家として「文藝春秋」に小説を発表しているとしようか。

それで、今、大川隆法さんがやっている……、まあ、「大川先生」と言うべきかな？　その仕事が同時並行で行われていて、同時代人で生きていたら、どう感じるか。それを想定したら、これは、たまらないね。はっきり言って、これは、たまらないわ。

私の小説にもあったかもしれないけれども、自分がね、ほんとに小人になったような感じを受けるな。「これはないでしょう」という感じだ。

「武田《たけだ》」対「織田《おだ》」の戦いのように……、あるいは、こちらが、火縄銃《ひなわじゅう》で弾《たま》を撃っているときに、回転式のマシンガンが出てきたような感じに見えるよな。

それを嫉妬心として片づけるかどうかは別として、「これは、たまらない」と、率直に、そう言っている人が多いんじゃないでしょうか。だから、恐竜絶滅期に、新種の生き物が出てきたような感じはあるわな。

「こういう生き延び方があるのか」という、なんとも処しがたいものがあって、とにかく、判定不可能というか、判断不能なので、「ネス湖の恐竜のように沈《しず》んでしまってくれたらありがたい」という感じかな。

里村　いやいや、沈んでしまうわけにはいきません。芥川先生は、それで、大川総裁より先にお生まれになったのではないでしょうか。

芥川龍之介　「今、生まれていたら」という「if《イフ》」だけどね。まあ、私だって、ちょっと嫉妬するかもしれない。

里村　なるほど。

芥川龍之介　芥川賞のもとになった人が、文章を書いてだね、「生活難である」ということは、「売れていない」ということを意味するわけだよ。分かるか？

里村　ええ。

「週刊文春」の現編集長は「かませ犬」的な存在

里村　先ほど、マスコミに対して、「『自分たちが第一権力だ』という自覚がないのだ」というお言葉もありましたが、「自覚がない」ということは、誰かが動かしている可能性があるわけです。今、霊界からご覧になって、「週刊文春」の新谷学編集長、および、今の編集方針を了《りょう》としている平尾隆弘《ひらおたかひろ》社長を、誰か霊界のほかの者が動かしているのでしょうか。

芥川龍之介　君、人間には情けも要《い》るからさあ、言葉は選ばないといけないと思うんだよ。その新谷編集長については、言葉を選ばなければいけないけれども、おそらく、文藝春秋のなかでも、いろいろと評価は分かれていると思うよ。

文藝春秋のなかにも、いわゆる良識派と言われる人たちはいるはずであり、

「古きよき文藝春秋の伝統のようなものを護《まも》りたい」と思っている守旧派もいると思うので、必ずしも内部的に一元化されているとは私は思わないよ。

だから、その新谷氏を私はよく知らないけれども、いわゆる「かませ犬」的な存在なのではないかな。マーケットを広げるために、あえて、そういう、アクの強いのを出してきているんだと思うんだよな。

以前は、講談社が、そういう役割を担っていたんだろう。そういう大きな出版社が、週刊誌や写真雑誌を、どんどんどんどん出していき、ほんとは、疑惑《ぎわく》が「灰色」で、載せていいかどうか分からないようなものを、全部「黒」にして押《お》し込《こ》んでいった。

罰金《ばっきん》を取られようが、損害賠償訴訟《ばいしょうそしょう》で負けようが、「会社が大きいから潰《つぶ》れない」と考えて、とにかく突っ込んでいったけど、そうすればするほど、マーケットが広がり、彼らの書ける範囲《はんい》が広がったわけだよね。

そのため、そういう役割を担って、「かませ犬」的に突っ込んでいく人が要るわけなんだ。

それは、戦争で言えば、突撃隊長のようなものに当たるんだ。そして、内部的には、「自分は、ああはできないけど、すごいな」という見方をする人もいれば、「無謀《むぼう》すぎる」という見方をする人もいるわけだな。

文藝春秋からも、この教団に来ている人が何人かいらっしゃると思うし、たぶん、社内にもこの教団のシンパがいると思うけれども、そういう守旧派的な人たちのほかに、不況打開のために、「かませ犬」的にかみついていく人を、あえて飼っているんだよ。それで、もし〝狂犬病《きょうけんびょう》〟まで起こしたときには、おそらくクビになるんだろうからさ。

そういうかたちで、一時期、放し飼いにされている者もいると見るべきだろうね。

「いいものを出すと売れない」という世情《せじょう》のジレンマがある？

里村　確かに、おっしゃるとおりであり、最近、「文春」関係者から話を聴《き》いたところ、以前にはあまり採用しなかった、フリーの記者からの持ち込み企画《きかく》を、今は新谷学編集長がどんどん採用しているそうです。これに関して、「実は、会社の内部でも異論が出ている」という話を聞きました。

ただ、平尾隆弘社長ご自身は、そういうことを「よし」としているわけですが、こういう経営陣《じん》について、芥川先生から何かメッセージはございませんでしょうか。

芥川龍之介　うーん。いやあ、結局ねえ、純文学ものや、直木賞系であれば、健全なものというか、人々の心をピューリファイ（purify 浄化《じょうか》）したり、子供の夢を育《はぐく》んだりするような、楽しいエンターテインメントものでも載せれば、それは、害のないものになるんだろうけれどもね。

だけど、現実の経営になると、やはり、苦しいのは事実で、彼らにも、ほんとに、「競馬にでもお金をつぎ込みたい」とか、「石油を掘《ほ》り当てたい」とかいうぐらいの気持ちは、たぶんあるだろう。

だから、「いいものを目指せば目指すほど、儲《もう》からない」ということに対するジレンマがあるんだよな。ほんとにいいものというか、読んでもらいたいものが売れないで、実は、「こんなものは、いやらしいな」とか、「こんなものは、ちょっといかがわしいな」とか思うようなものが売れる世情《せじょう》に迎合《げいごう》しているんだよね。

だから、出しているほうの側としても、そういう、いかがわしさ、汚《けが》らわしさのようなものを、ある程度、感じてはいるんだけど、現実に、「そういうものを出したときには売れて、そういうものを避《さ》け、おとなしい、平凡《へいぼん》な記事を書くと、売れずに、返本される」という、この厳しさみたいなものを、経営陣は味わっているんだろうと思う。

それで、おたくだけではなく、皇室にもかみついたりして、悪い記事をたくさん書いているんだよ。昔なら、おそらくありえないようなことだろうけれども、そういう、偉《えら》い人や立場の高い人、近づきがたいような人を、ゴシップやスキャンダル的な記事で引きずり下ろすことによって、みんなで鉄拳《てっけん》制裁を加えているような気分を味わうことができるわけだ。

そういうことをし続けることで、一定のマーケットが得られることがあるし、たまに、少しは、自分たちが売りたいものが出せることがある。

そういうところは、菊池寛の時代から、ある意味では変わっていなくて、例えば、「芥川の小説を売ろうとしたら、ついでに、ほかのところから、ちょっと、あぶく銭《ぜに》を稼《かせ》いできて、投入しなくてはいけない」というようなことがあった。

経営陣は、そういう資金繰《ぐ》りなんかをやるところなんだろうと思うけどさ。いや、気の毒だね。

だから、いいものが、ほんとに売れればいいんだけどね。

里村　そうだとすると、私が経営陣の方々に言いたいのは、「いいものは、やはり、広がっていく」ということです。幸福の科学の大川総裁の書籍《しょせき》、経典《きょうてん》は、非常にたくさん売れていますし、世界中で、どんどん出版されています。また、大川総裁のご説法にも大勢の方が集まってこられます。

ですから、こちらにアドバイスを聴きにくればよいのですが、それができないから、内容の悪いものになるんです。

文藝春秋という会社には、「芥川先生を含《ふく》めた作家の方々の新しい小説を、安く多くの人に読ませる」という時代的使命があったと思うのですが、その時代的使命そのものが、もう終わったのではないでしょうか。

芥川龍之介　まあ、そういう言い方もあるだろう。だけど、今は、「日本の作家協会が丸ごとまとまって、大川隆法一人と試合ができるかどうか」というぐらいの感じではあるね。「作家協会は、全員が出てきて守備につき、もう片方は、ホームランバッターが一人で打ちまくる」という感じになっているので、悔《くや》しいわけなんだ。

みんな、いいものを書けないし、面白《おもしろ》いものを書けないし、売れるものを書けないので、苦しんでいるんだよ。

それなのに、片方は、ものを書いて出版社だけをやるならともかく、ほかの事業まで、いろいろとやっているじゃない。そこまでの余力があることに対する、人間として同時代に生きている者の怨念《おんねん》のようなものが、どうしても収まらないんだよな。

だから、俺《おれ》が、今、生きていたとしても、大川隆法に対抗《たいこう》できるようなものを「文春」で書き続けることは、たぶん、できないと思う。実は、「売れ行き」という意味で、これに対抗できるのは、ポルノ小説のようなもののほうなんだ。そんなもののほうが当たっちゃうんだよな。うーん。

里村　われわれは宗教者なので、そうした汚らわしいものは、やはり、許しておくべきではないと考えます。

芥川先生には、作家というお立場から、そういうものを、必要悪のようなかたちでご覧になっている部分も、多少あるのかもしれませんが、やはり、現代の言論状況は、そのような甘《あま》いものではないと思います。第一権力になったものが、こういうかたちで、大衆の劣情を煽《あお》っていくならば、本当にマスコミファッショが始まっていくことになると私は思います。

そして、日本が、力のある人や、きちんとした努力に応じて、その立場にある人を、引きずり下ろすことを喜ぶような国になってしまっては、やがて日本のすべての文化も滅《ほろ》んでいくだろうと思います。

「聖なるもの」と「俗《ぞく》なるもの」の違《ちが》いが分からないマスコミ

芥川龍之介　うーん。いや、それにはねえ、さっきも言ったように、認識のずれの部分はあってね。

夏目漱石《なつめそうせき》先生が、一高《いちこう》の講師か何かをやっていたのに、それを辞《や》めて朝日新聞に就職し、連載《れんさい》小説を書くことになったときに……。いや、東京帝国《ていこく》大学の教授だったのかな？　それを辞めて小説家になったので、もう、大騒《さわ》ぎというか、ちょっとしたスキャンダルになったんだよ。

当時、帝国大学の教授の地位は、ものすごく高くて、ブン屋というか、「朝日新聞で小説を書く」というのは、ものすごい身分の低いことだった。「そんなバカなことをしてはいけない」という声ばかりが聞こえるような時代に、夏目先生は小説を書いていたわけなんだ。

そのように、当時は、小説家の地位が低く、また、今の代表的な新聞社である朝日新聞の地位も低く、帝国大学の先生のほうが、ずっと偉かった時代だよね。

ところが、今は、大学教授よりも、文壇《ぶんだん》やジャーナリズムの世界で活躍《かつやく》している人のほうが、名前も売れ、顔も売れているので、逆になっているところもあるわな。

だから、そういう変化については、彼ら自身にも、少し疎《うと》いところはあるかもしれない。

君らは、今、宗教を広げようとしているけど、「大川隆法さんの本が世界にも広がっている」ということは、「支持者がいる」ということだ。読者というのは支持者だし、その読者が信者のレベルまで行っていることが多いわけだよね。

そして、「信仰《しんこう》を持っているから」といって、民主主義のカウントから外されるのは、おかしな話だから、信仰のあるなしにかかわらず、民主主義的に見れば、「支持者が多い」というのは大事なことだ。

もし、あなたがたの言うとおり、教えが広がっているのならば、「彼らには、大川隆法を攻撃《こうげき》しているように見えて、同時に、民衆を敵に回している面もあるのだ」ということであり、それは、それなりの反作用を生むことになるんだよ。

だから、その過激な記事によって、例えば、多くの人たちの信仰の対象になっている存在を汚したり、聖務を潰したりするようなことをしたら、やはり、それなりに顰蹙《ひんしゅく》を買うし、反作用は来るし、当然、出版社としての格が落ちてくるわけだよ。今、そういう「信用合戦」をやっていると思うんだ。

だから、これまで、マスコミが、権力の番人のようになって、「三権の暴走を防ぎ、間違《まちが》った政治が行われたり、先の戦争のようなことが起きたりするのを防ぐために、ペンは強くなければいけないのだ」というようなことを言って、自己弁護できていたのに、次に、マスコミの暴走を防ぐ男が出てきて、マスコミを批判し始めたわけだね。

これは、彼らから見れば、ある意味で、「第五権力が登場してきた」ということなので、「これに対して、どういう防衛線を引くか」ということで、今、頭を痛めているところなんだね。

だから、今、基本的には、政治家たちを攻撃するのと同じスタイルで、あなたがたを攻撃していると思うんだけど、この違いが分かっていない部分は、まだ甘いところだと思うね。

里村　そうですね。「聖なるもの」と「俗《ぞく》なるもの」の違いが分かっていません。

芥川龍之介　そうそう。その違いがまだ分かっていない。だから、政治家を攻撃するのと同じ戦い方で打ち込んでいるんだけど、政治家の支持者と宗教の信仰者とには質の違うものがあるので、信仰を踏《ふ》みにじった場合の怖さを、まだ十分に理解していないところがあると思うな。

だから、それが、ある程度の民意を形成する勢力の一部になってきた場合、今度は、彼らのほうが負けて、魔女裁判にかけられるようなかたちになってくるわけなので、ある意味での権力闘争が始まっているのかもしれないね。

出版業をやめて「文藝春秋《ぶんげいしゅんじゅう》宝くじ」を売り出したほうがよい

里村　文藝春秋《ぶんげいしゅんじゅう》という会社に対して、芥川先生からのアドバイスがありましたら、ぜひ、お願いしたいと思います。

芥川龍之介　まあ、そういうきわどい記事で儲けなくてはいけないぐらいだったら、もう、宝くじでも売り出したほうがいいんじゃないかな。

里村　（笑）

芥川龍之介　どうせなら、「文藝春秋宝くじ」というものを売り出して、金を集めたほうが、むしろ菊池寛の精神に合っているんじゃないかな。

里村　ああ！

芥川龍之介　競馬や麻雀《マージャン》に近いのは宝くじだな。

里村　ええ。

芥川龍之介　「文藝春秋宝くじ」を出して、それで金を集めたらいい。宝くじは、四分の一ぐらいしか金を払《はら》わなくていいんだろ？　あとの四分の三は儲けになるんだろ？　宝くじでも出してさあ、それで赤字部門を補塡《ほてん》すればいいのよ。そちらのほうが、まだ、世の中に対する害悪は少ないし、当たった人は儲かって喜ぶから、いいんじゃないかな。

里村　なるほど、なるほど。出版業から、菊池寛のもともとの出自である博打《ばくち》のほうに……。

芥川龍之介　博打に戻《もど》ったほうが、まだ罪は少ないかもしれないな。

里村　（笑）ええ。

芥川龍之介　それと、自分らは頑張《がんば》っているけど、大きくならないことに対する苦しみはあるんじゃないかな。そのへんについて何か欲しいところかなあ。

幸福の科学に人材の「山脈」ができることが勝利である

芥川龍之介　（高間に）君、せっかくそこに座っているのに何も言わないの？

高間　では、もう一つ質問させていただきます。

私たち宗教の側が、大衆に対して、もう一段、人気を博していくことも大切だと思うのですが、人気作家であられた芥川先生は、われわれの人気獲得《かくとく》の努力については、どのようにお考えでしょうか。

芥川龍之介　うーん。先ほど、「蜘蛛《くも》の糸」や「杜子春《とししゅん》」をほめてくれましたけれども、作品として見たときに、「蜘蛛の糸」や「杜子春」を大川隆法さんの著作群にぶつけたら、はっきり言って負けると思うよ。

本家のほうが霊界について説いていると、こちらは負けてしまいますね。

私は、フィクションというか、フィクションに近いあたりを書いているので、純文学として見ても、やはり、こちら（大川隆法）のほうが本物であり、幸福の科学から出しているものは、純文学的でありつつも、ノンフィクションなんだよな。ノンフィクションで攻《せ》めているから、その意味での怖さには、すごいものがあると思う。

ただ、「彼らが幸福の科学についてワアワア言うことには、〝ガス抜《ぬ》き〟になる面もあれば、幸福の科学を有名にしてくれている面もある」と考えて、自分たちの成功を推《お》し進めていくことが大事なんじゃないかな。

それと、やはり、「山脈」をつくれるかどうかが大事だと思うんだよ。菊池寛だって、いちおう事業体をつくり、そこが、数十年、百年と事業を続けていっているわけだからね。

夏目漱石の場合も、優秀《ゆうしゅう》な弟子《でし》が数多く出て「漱石山脈」になったようにね、幸福の科学にも「山脈」ができ、大川隆法さんに学んだ人たちのなかから、立派な人が大勢出て、各界で活躍し、宗教界だけでなく、それ以外の世界でも活躍していく。そういうことが起きてくること自体が、あなたがたの勝利になるんじゃないかね。私は、そう思うな。

今起きているのは最後の抵抗のような感じがするな。

里村　はい。ありがとうございます。

6　芥川龍之介は、どのような魂《たましい》か

六次元の仙人界《せんにんかい》にいて、他の作家たちと交流している

里村　もう所定の時間が来てしまったのですが、改めて確認させていただきます。「本日、芥川先生は仙人《せんにん》の世界から来てくださった」と考えてよろしいでしょうか。

芥川龍之介　ハハ。参ったな。

里村　それと、天上界《てんじょうかい》と地獄《じごく》界のどちらから来られたかを、教えていただけます

でしょうか。

芥川龍之介　うーん。先日、菊池寛《きくちかん》が私のことを「仙人」と言っていたね。そのとおりだ。いちおう仙人界は仙人界だけど、あなたがたから見れば、何と言うのかな。表側の世界で言うと、どのくらいの次元に当たるのかねえ。あなたがたの世界観で言うと、うーん、まあ、六次元ぐらいの世界なのかなあ。

里村　六次元ぐらいですと、小説家でも、やはり、いちばん人気を集めたような方が数多くいらっしゃいます。

お話を伺《うかが》っていて、決して「念力系」ではないと思うのですが、ちなみに、周りには、どのような方がいるのでしょうか。芥川先生のようなタイプは、あまり大勢では集まらないと思いますが……。

芥川龍之介　そう。孤独《こどく》な人が多いよ。孤独な人が。

里村　孤独な人ですか。

たまに交流があるのは、どのような方ですか。

芥川龍之介　川端康成《かわばたやすなり》もいる。私よりあとの人だけどね。

あとは……、太宰《だざい》君は上がってきていないんだよなあ。

里村　ああ。

芥川龍之介　彼は上がってきていないから、あれなんだけれども……。

最近の作家には、私にも抵抗感《ていこう》がだいぶあるので……。ああ、そうだ。志賀直哉《しがなおや》は、格的には私と同じぐらいなんだけれども、表側なのかな。彼は仙人ではなくて表側のほうだな。こちらも純文学系だけどね。

有島武郎《ありしまたけお》は、非常に起伏《きふく》のある魂《たましい》で、問題も起こしたため、地獄を経験したけれども、宗教的な魂でもあったので、今いる場所は、私と同じではないが、会って話ができるぐらいの関係ではあるかな。

まあ、そんなところかな。

文学者のなかでも、漱石《そうせき》先生や鷗外《おうがい》先生になると、私たちよりは少し格上になるかな。

里村　なるほど。

芥川龍之介　やはり、彼らは、もう一つ格が上で、地獄界でも裏側でもなく、表側だと思うけどね。

里村　そうですか。

芥川龍之介　ただ、交流はあるよ。

里村　交流はあるのですね。

芥川龍之介　交流はあるね。

過去世《かこぜ》は「日本への帰化人」や「ローマの哲学者《てつがくしゃ》」など

里村　それでは、最後の質問です。芥川先生は、過去世《かこぜ》においても、やはり、作家としてお生まれになったのでしょうか。

芥川龍之介　うーん。きわどいな。

里村　そんなにきわどい質問でしょうか。亡《な》くなられてから、もう八十五年たっていますので、お伺いしたいと思うのですが。

芥川龍之介　うーん。

里村　これが最後の質問です。

芥川龍之介　うーん。ちょっとだけ、きわどいところがあるんだけれども、私の過去世は、実は帰化人なんです。中国から帰化した、坊《ぼう》さんと言えば坊さんかな。坊さん兼《けん》学者のようなものだね。いや、中国ではなく、あれは朝鮮《ちょうせん》半島のほうかな。あちらのほうからの帰化人で、奈良《なら》時代あたりに当たるかなあ。

朝鮮半島のほうから来た学者兼僧侶《そうりょ》だな。帰化人として日本に来て、お経《きょう》を訳したり、教えたりするような仕事をしていたので、東大寺とか、あのあたりに縁《えん》があった者だと思う。

里村　そうすると、芥川先生が、生前、『今昔《こんじゃく》物語』などから小説の題材を取られたことは、それとつながっているわけですね。

芥川龍之介　うん。そういう時代とは縁があるんだな。もう少し昔の過去世を言えば、欧米《おうべい》というか、ヨーロッパのほうに生まれたことがあって、そのときには、哲学者《てつがくしゃ》のようなことをやっていたような気がするけどな。

里村　そのときにお生まれになったのはギリシャでしょうか。それともローマでしょうか。

芥川龍之介　まあ、ローマかな。

里村　ローマですね。

芥川龍之介　うん。哲学者のようなことをやっていた記憶《きおく》はあるな。

里村　そうですか。今でもお名前が遺《のこ》っている方でしょうか。

芥川龍之介　いやあ、大したことないんじゃない？　百科事典でも読まなければ名前は出てこないんじゃないかな。

里村　でも、ローマの哲学者ですよね。

芥川龍之介　うーん。まあ、哲学者はたくさんいたからね。そういう人たちのなかにいた記憶はある。

もう一つ前だと、中国の「諸子百家《しょしひゃっか》」の時代にいた記憶があるな。あの時代は、二千五百年ぐらい前かなあ。いろいろな言論人がたくさん出た時代にいた記憶はある。ただ、君たちを喜ばせるほど有名な人ではないと思うな。

里村　そうですか。

今日は、芥川先生の魂の秘密、また、現在の日本の文学や論壇《ろんだん》の状況《じょうきょう》について、いろいろなご論評を頂きました。本日頂いたお話を糧《かて》にして、私たちは、「本当によいものが多くの人に喜ばれる」という時代をつくっていくために頑張《がんば》ってまいります。これからも、ご支援《しえん》のほどを、よろしくお願いいたします。

芥川龍之介　今、保守系の「新潮《しんちょう》」や「文春」が、あなたがたによって批判されているわけだから、おそらく、次には、ＰＨＰや幸福の科学出版などの時代が来るのかな。そんな感じがする。

里村　そういう時代が一日も早く来るように頑張ってまいります。

今日は、本当にありがとうございました。

大川隆法　（芥川龍之介に）どうもありがとうございました。

7 「芥川龍之介の霊言《れいげん》」を終えて

大川隆法 「芥川龍之介の霊言《れいげん》」を収録したわけですが、「週刊文春」の現編集長は、しつこい人物なので、まだまだ、いろいろと当会を攻撃《こうげき》してくるだろうと思い、「菊池寛《きくちかん》の霊言」の次を用意しておくことにしたのです。

また、「司馬遼太郎《しばりょうたろう》の霊言」もすでに録《と》ってあります（二〇一二年一月二十四日収録）。彼も文藝春秋《ぶんげいしゅんじゅう》からずいぶん本を出した人だと思うので、彼の霊言も、どこかの時点で発刊してもよいと思います。そうすれば、売り上げに貢献《こうけん》するかもしれません。貢献しないかもしれませんが（笑）。

「文春」の記者たちは、いつも取材で苦労しているでしょう。ジャーナリストは、「取材を申し入れては断られる」ということを繰《く》り返していると、だいたい性格が悪くなってきます。もともとは純粋《じゅんすい》な熱意も持っているのですが、取材を断られ続けているうちに、だんだん、性格が曲がっていき、ひねくれてくるのです。まあ、気の毒だとは思います。

その点、当会は、どのような種類の霊人であっても、霊言収録の場に呼び出すことができます。この強制力は、マスコミにとって悔《くや》しいでしょう。どんな霊人であっても、私に呼ばれたら、出てこなくてはいけないわけです。

里村　取材拒否《きょひ》はできません（笑）。

大川隆法　できないんです。私が呼ぶと、どんな霊であっても、吸引され、出てきてしまいます。これは、マスコミにとって、悔しい能力だと思います。私は、「文藝春秋に転職しないか」と言われるかもしれません（笑）。

マスコミは悔しいでしょうが、キリスト教会もマスコミと同じ状態であり、「イエスの霊が、幸福の科学に出て、キリスト教会に出ない」というのは許せないことでしょう。

また、谷口雅春《たにぐちまさはる》の霊言集（現在は『大川隆法霊言全集』〔宗教法人幸福の科学刊〕に収録）を出したときには、最初、生長の家の職員たちは、「谷口雅春先生は神だった。偉《えら》さが認められた」と大喜びをしていたのですが、しばらくすると、「霊言が本物であることを認めると、どうやら教団にとってまずいらしい」と思い始めたようです。

そして、「雅春先生が二代目の総裁に対して文句があるはずはない。文句がないのに、よその教団に行ってまで発言をするはずはないから、この霊言はインチキだ」と、あとから、とってつけたように言い出したりしました。

教祖をよその教団にとられるのは、つらいことなのでしょう。

「文春」も、悔しかったら、「菊池寛の霊言」や「芥川龍之介の霊言」を収録して自分のところから出すか、それらをフィクションとして書き、雑誌に連載《れんさい》すればよいと思います。「書けるものなら書いてごらんなさい。書けないのなら、黙《だま》りなさい」というところでしょうか。

週刊誌が、当会に関する記事を、一生懸命《いっしょうけんめい》、にぎやかに書いてくださっているのは、おそらく、当会の「御生誕祭《ごせいたんさい》」（注。毎年、大川隆法の誕生月である七月に行われる）を祝うつもりで、頑張《がんば》ってくださっているのでしょう。ただ、当会は精神統一が必要な団体でもあるので、ほどほどにしていただければありがたいと思っています。

では、以上にします。

里村　頑張ってまいります。ありがとうございました。

あとがき

すでに、はるかに文学の射程《しゃてい》の外《そと》に出てしまった私にとって、芥川龍之介も、文藝春秋社も、過ぎ去ってゆく存在なのかもしれない。

私は神の心を説く者であり、その言葉の上に未来を築く者でもある。

文学の世界にも最後の審判《しんぱん》の時が来たのだ。

来世を信ずる者は、畏《おそ》れるがよい。来世を信じない者は、その時を、息をのんで静かに待つがよい。

あなた方の主が再臨したのだから。

二〇一二年　七月二十四日

幸福《こうふく》の科学《かがく》グループ創始者兼総裁《そうししゃけんそうさい》　大川隆法《おおかわりゅうほう》

『芥川龍之介が語る「文藝春秋」論評』大川隆法著作関連書籍

『「文春」に未来はあるのか』（幸福の科学出版刊）
『「週刊文春」とベルゼベフの熱すぎる関係』（同右）
『徹底霊査「週刊新潮」編集長・悪魔の放射汚染』（同右）
『「週刊新潮」に巣くう悪魔の研究』（同右）

芥川龍之介《あくたがわりゅうのすけ》が語《かた》る「文藝春秋《ぶんげいしゅんじゅう》」論評《ろんぴょう》

2012年 8 月 7 日　初版第 1 刷

著　者　　大《おお》　川《かわ》　隆《りゅう》　法《ほう》

発行所　　幸福の科学出版株式会社

〒107-0052 東京都港区赤坂 2 丁目 10 番 14 号
TEL(03)5573-7700
http://www.irhpress.co.jp/

印刷・製本　株式会社 東京研文社

落丁・乱丁本はおとりかえいたします

ISBN978-4-86395-219-5 C0014
Photo: 日本近代文学館

大川隆法ベストセラーズ・マスコミの正義を検証する

文春に未来はあるのか

創業者・菊池寛の霊言

正体見たり！ 文藝春秋。偏見と妄想に満ちた週刊誌ジャーナリズムによる捏造記事の実態と、それを背後から操る財務省の目論見を暴く。

1,400円

「週刊文春」とベルゼベフの熱すぎる関係

悪魔の尻尾の見分け方

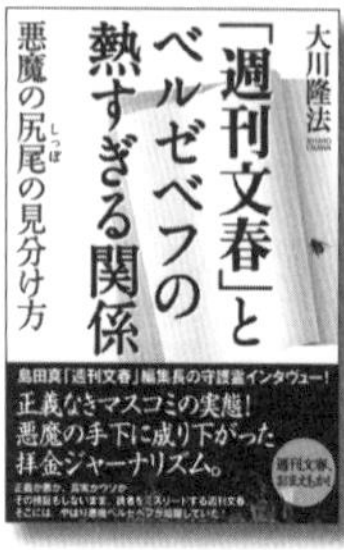

島田真「週刊文春」編集長（当時）の守護霊インタヴュー！ 週刊誌ジャーナリズムの実態と救世運動つぶしをたくらむ悪魔の関係とは。

1,400円

徹底霊査「週刊新潮」編集長・悪魔の放射汚染

「週刊新潮」酒井逸史編集長の守護霊インタヴュー！ 悪魔と手を組み、地に堕ちた週刊誌ジャーナリズムの実態が明らかになる。

1,400円

「週刊新潮」に巣くう悪魔の研究

週刊誌に正義はあるのか

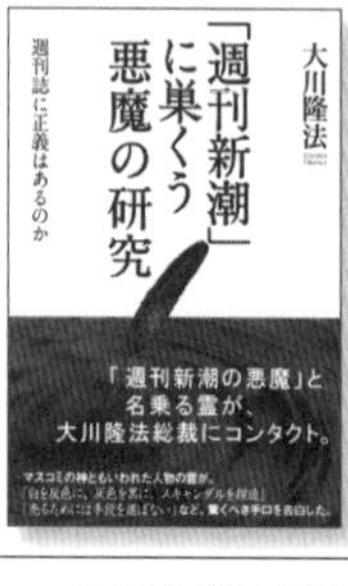

ジャーナリズムに潜み、世論を操作しようとたくらむ悪魔。その手法を探りつつ、マスコミ界へ真なる使命の目覚めを訴える。

1,400円

※表示価格は本体価格（税別）です。

大川隆法ベストセラーズ・最新刊

不滅の法

宇宙時代への目覚め

「霊界」「奇跡」「宇宙人」の存在。物質文明が封じ込めてきた不滅の真実が解き放たれようとしている。この地球の未来を切り拓くために。

2,000円

心を癒す ストレス・フリーの幸福論

人間関係、病気、お金、老後の不安……。ストレスを解消し、幸福な人生を生きるための「心のスキル」が語られた一書。

1,500円

不惜身命 2011

大川隆法　伝道の軌跡

救世の時は今

「大悟30周年・立宗25周年」の2011年、200回を超えた大川隆法総裁の説法録。海外メディアが競って配信したアジア7カ国での歴史的な英語説法も全収録。

1,800円

幸福の科学出版

大川隆法ベストセラーズ・神秘の扉が開く

神秘の法

次元の壁を超えて

2012年10月
映画化

この世とあの世を貫く秘密を解き明かし、あなたに限界突破の力を与える書。この真実を知ったとき、底知れぬパワーが湧いてくる！

1,800円

幸福の科学グループのご案内

宗教、教育、政治、出版などの活動を通じて、
地球的ユートピアの実現を目指しています。

宗教法人　幸福の科学

一九八六年に立宗。一九九一年に宗教法人格を取得。信仰の対象は、地球系霊団の最高大霊、主エル・カンターレ。世界百カ国に迫る国々に信者を持ち、全人類救済という尊い使命のもと、信者は、「愛」と「悟り」と「ユートピア建設」の教えの実践、伝道に励んでいます。

（二〇一二年七月現在）

公式サイト
http://www.happy-science.jp/

愛

幸福の科学の「愛」とは、与える愛です。これは、仏教の慈悲《じひ》や布施《ふせ》の精神と同じことです。信者は、仏法真理をお伝えすることを通して、多くの方に幸福な人生を送っていただくための活動に励んでいます。

悟り

「悟り」とは、自らが仏の子であることを知るということです。教学《きょうがく》や精神統一によって心を磨き、智慧《ちえ》を得て悩みを解決すると共に、天使・菩薩《ぼさつ》の境地を目指し、より多くの人を救える力を身につけていきます。

ユートピア建設

私たち人間は、地上に理想世界を建設するという尊い使命を持って生まれてきています。社会の悪を押しとどめ、善を推し進めるために、信者はさまざまな活動に積極的に参加しています。

国内外の世界で貧困や災害、心の病で苦しんでいる人々に対しては、現地メンバーや支援団体と連携して、物心両面に渡り、あらゆる手段で手を差し伸べています。

年間３万人を超える自殺者を減らすため、全国各地で街頭キャンペーンを展開しています。

公式サイト
http://www.withyou-hs.net/

ヘレン・ケラーを理想として活動する、ハンディキャップを持つ方とボランティアの会です。視聴覚障害者、肢体不自由な方々に仏法真理を学んでいただくための、さまざまなサポートをしています。

公式サイト
http://www.helen-hs.net/

INFORMATION

お近くの精舎・支部・拠点など、お問い合わせは、こちらまで！

幸福の科学サービスセンター

TEL. 03-5793-1727（受付時間 火〜金：10〜20時／土・日：10〜18時）

幸福の科学グループサイト　http://www.hs-group.org/

教育

学校法人 幸福の科学学園

幸福の科学学園中学校・高等学校は、幸福の科学の教育理念のもとにつくられた学校です。人間にとって最も大切な宗教教育の導入を通じて精神性を高めながら、ユートピア建設に貢献する人材輩出を目指しています。

幸福の科学学園
中学校・高等学校（男女共学・全寮制）
2010年4月開校・栃木県那須郡

TEL **0287-75-7777**
公式サイト
http://www.happy-science.ac.jp/

関西校（2013年4月開校予定・滋賀県）
幸福の科学大学（2015年開学予定）

仏法真理塾「サクセスNo.1」

小・中・高校生が、信仰教育を基礎にしながら、「勉強も『心の修行』」と考えて学んでいます。

TEL **03-5750-0747**（東京本校）

心の面からのアプローチを重視して、不登校の子供たちを支援しています。また、障害児支援の**「ユー・アー・エンゼル!」**運動も行っています。

不登校児支援スクール「ネバー・マインド」

幼少時からの心の教育を大切にして、信仰をベースにした幼児教育を行っています。

エンゼルプランV

NPO 活動支援

学校からのいじめ追放を目指し、さまざまな社会提言をしています。また、各地でのシンポジウムや学校への啓発ポスター掲示等に取り組むNPO「いじめから子供を守ろう！ネットワーク」を支援しています。

公式サイト **http://mamoro.org/**

ブログ **http://mamoro.blog86.fc2.com/**

相談窓口 **TEL.03-5719-2170**

政治

幸福実現党

内《ない》憂《ゆう》外《がい》患《かん》の国難に立ち向かうべく、二〇〇九年五月に幸福実現党を立党しました。創立者である大川隆法党名誉総裁の精神的指導のもと、宗教だけでは解決できない問題に取り組み、幸福を具体化するための力になっています。

党員の機関紙
「幸福実現News」

TEL 03-6441-0754
公式サイト
http://www.hr-party.jp/

出版 メディア 事業

幸福の科学出版

大川隆法総裁の仏法真理の書を中心に、ビジネス、自己啓発、小説など、さまざまなジャンルの書籍・雑誌を出版しています。他にも、映画事業、文学・学術発展のための振興事業、テレビ・ラジオ番組の提供など、幸福の科学文化を広げる事業を行っています。

TEL 03-5573-7700
公式サイト
http://www.irhpress.co.jp/

入会のご案内

あなたも、幸福の科学に集い、ほんとうの幸福を見つけてみませんか？

幸福の科学では、大川隆法総裁が説く仏法真理をもとに、
「どうすれば幸福になれるのか、また、
他の人を幸福にできるのか」を学び、実践しています。

入会

大川隆法総裁の教えを学ぼうとする方なら、どなたでも入会できます。入会された方には、『入会版「正心法語」』が授与されます。（入会の奉納は1,000円目安です）

ネットでも**入会**できます。詳しくは、下記URLへ。

三帰《さんき》誓願《せいがん》

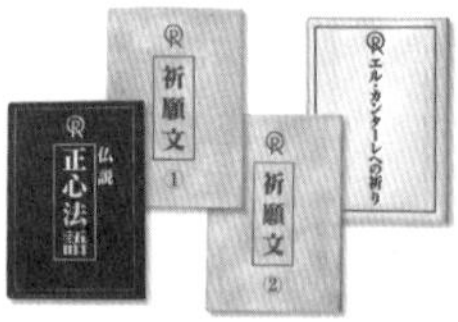

仏弟子としてさらに信仰を深めたい方は、仏・法・僧の三宝への帰依を誓う「三帰誓願式」を受けることができます。三帰誓願者には、『仏説・正心法語』『祈願文①』『祈願文②』『エル・カンターレへの祈り』が授与されます。

植福《しょくふく》の会

植福は、ユートピア建設のために、自分の富を差し出す尊い布施の行為です。布施の機会として、毎月1口1,000円からお申込みいただける、「植福の会」がございます。

「植福の会」に参加された方のうちご希望の方には、幸福の科学の小冊子（毎月1回）をお送りいたします。詳しくは、下記の電話番号までお問い合わせください。

月刊「幸福の科学」

ザ・伝道

ヤング・ブッダ

ヘルメス・エンゼルズ

INFORMATION
幸福の科学サービスセンター
TEL. 03-5793-1727（受付時間 火～金：10～20時／土・日：10～18時）
宗教法人 幸福の科学 公式サイト http://www.happy-science.jp/